佛教造像
量度与仪轨 _{（修订本）}

李翎 ◎ 著

上海書店出版社
SHANGHAI BOOKSTORE PUBLISHING HOUSE

再版前言

在各种宗教信仰中，可以说，佛教是以艺术形式进行宣教最为充分的一个，因此而有"像教"之称。佛教艺术浑厚大度，佛教造像庄严神秘，它们是历史和人类智慧的结晶。历史将古代的文化呈现在我们眼前，同时历史也会将我们的作业留给后人。佛教自公元始进入中国便以像教形式成为中国传统艺术的主流，高傲的文人也在寺庙中留下了他们精彩的画迹，所以，不了解佛教艺术，便无法真正读懂中国传统文化。了解佛教造像的量度与仪轨是将这种传统发扬光大、使之不朽的途径之一，也是本书写作的缘起。这本小书在20年前出版，当时主要是基于笔者朴素的想法。20年后，传统文化得到更大弘扬，通过丝绸之路传播的佛教，让我们今天更加珍视这个经过2000年已完全本土化了的宗教文化。

千百年来，佛教艺术以其静穆超然之美，一直被人们称颂模写。但宗教艺术不同于一般的世俗艺术，它有着严格的仪轨和量度。二者之不同，一个美体现于有规有矩，一个美体现于自由创造。因此，为了准确表现这种特殊的美，自汉代佛教传入以来，史书就有记载：朝廷派使者或僧人西天求取画样。也正是因为有了这些"样"，才规范了当时的工匠按照一定的"量度"来制造这些具有宗教法度的造像，使其区别于世俗艺术。但随着世俗文化的兴起，大约从唐代开始，尤其是宋代以来，佛教艺术开始世俗化，人们对"求实"的审美获得满足的同时，却在一点点失去宗教艺术的庄严和超然。常见的佛像量度、持物、手印、面相、组合也更加缺少规范，这种"自由"创作一直在加剧，在当代的寺院中，更是常常将现代的审美方式和西式的雕塑手段应用在佛教造像上，从而大大减弱了佛教艺术的魅力。

本书选用的经典，是工布查布以藏译本为底本，汉译出来的《佛说造像量度经》，现在看来是有局限的。原因有两个：一是这部经，虽然据说译自梵文本，甚至有学者认为这个梵文本早在公元一二世纪可能就有了，但从现在的内容上看，这些印度传统的量度理论，被佛教僧人整理出来成为佛典，用于说明佛陀的量度，可能比较晚，所以并不适合对应早期的造像。二是在量度方面，这部经仅限于"佛陀"的量度，但在实际造像中经常出现的其他菩萨、罗汉、天王、力士形象的量度都没有说明。而现存工布查布在汉译本上的附图和续补，虽然加入了佛陀以外的菩萨、护法量度，但主要属于藏传佛教的样式，有的并不适合汉地造像使用，所以不能作为汉藏寺庙造像共同依据的文献。笔者在发现这个问题以后，开始更多的收集相关的量度材料，结果发现，目前多数有关佛教造像量度的研究成果，基本以藏传佛教为主，几乎没有系统的汉传佛教造像量度的书籍。为此，笔者在对汉文传统文献和民间创作资料梳理的基础上，整理归纳了相关内容，加在第三章之后，并增加了更多的图、释，以此可以为更加广泛的读者阅读和使用。

再版说明

什么是佛教造像的量度和仪轨？量度，在这里就是指尺寸、大小、比例。仪轨，字面意思是方法，《吠陀》中指礼拜诸神的方法，这个词源自梵文 Kalpa。用在佛教中，仪轨指礼拜佛教诸神的方法，本书讲的是佛教造像的方法。因此"佛教造像量度与仪轨"说的是佛教造像所使用的尺度和方法。

没有规矩无以成方圆，造像量度与仪轨是艺术家在表现宗教图像时必须遵守的仪则。本书是从佛教的角度，以最具权威性的佛典原文为主，加以适当解释，尽量以客观的态度介绍佛教造像所涉及的概念和名词。虽然一些概念可能是比较晚才形成的，但笔者面对的是今天的读者，所以这些虽然晚出的概念仍然可作为我们表现佛像时的指导工具。初版时，由于年轻功力不足，笔者基本没有对佛造像的相关问题进行讨论，因此在增订本中，加入一小部分讨论的内容。虽然，讨论的并不充分，但是这是笔者一个长期要考虑的问题，比如佛教美学、宗教美学、各种宗教造像仪则之间的比较等。但还是想在此提出来，以为抛砖引玉。

本书以文字说明为主，配以相关图像。解读原典为主、阐释为辅，通过准确的配图，可以让读者对古代造像名词有一个更加直观的认识。

学无止境，这次增订中，虽然笔者加入不少新的内容，但仍然有许多不足之处。尤其是对汉地寺庙的造像仪则和装饰内容的整理，明显的感觉材料不足，也希望后来者居上，多多关注这部分材料的整理和出版。

目　录

第一章　佛像的产生

图1　莫高窟第9窟瑞像　晚唐绘佛陀对木佛像说
　　　以后以佛像传播佛教

一、传说

公元前6世纪佛教起源于印度，并在那里发展，到公元七八世纪步入衰落期，13世纪印度的伊斯兰化使佛教几近消失。从佛陀时代起至其在印度衰落，佛教大致经历了原始佛教、部派佛教、上座部佛教、大乘佛教以及后期的密教等几个发展阶段。从信仰的角度来说，佛像在佛陀时代就出现了，因为《佛说造像量度经》就是佛亲自对弟子舍利弗所说。佛像形式在当时有两种：一种是平面的画像（帧像）、一种是立体的造像（胎偶）。传说画像是从佛陀时代中天竺摩揭陀国国王瓶沙王开始的，立体的造像始于佛陀时代憍赏弥国国王优填王，这些传说在后期的佛教艺术中多有表现，比如敦煌壁画中就保留有这个传说的图像资料，并记录了佛说"佛教以后的传播要通过佛像"（图1）。

当然，以上只是从信仰的角度记录的相关传说，目前并没有考古发现支持佛陀时代已有佛像的说法。

二、历史

从历史的角度看，佛陀时代没有造像。从公元前3世纪开始，出现了所谓的"佛教艺术"，但这时的佛教艺术是"缺佛"艺术。也就是说佛陀的形象，在那时并没出现在佛教语境下的艺术当中，佛，通常只以象征性的图像表现。比如几个莲花，象征诞生后的佛走了七步；一匹马，象征佛的逾城出家；菩提树，象征佛的觉悟成道以及佛的脚印；莲花座，象征佛的存在等（图2、图3）。佛像隐而不现的原因是基于人们当时的观念，当时人们认为佛的智慧和伟大是不能以具体的人形表现的，以任何人格化的形式表现伟大的佛都是对佛陀的亵渎。以"否定"的方式传达一种理念是佛教通常的传统，在佛经上多用"遮诠法"，即不说"是"而以一种否定的方式逼近真理，初期佛教艺术中的造像方法，正是这种"非是"的表达。当然，这也与各种宗教在早期时候的情况一致，那时，人们在对抽象的神礼拜或祭祀时，往往不需要画像或造像。

图2 印度早期无佛像时代以宝座代 表佛陀

图3 印度早期无佛像时代以法轮代表佛陀说法

公元1世纪，在西亚与印度的交汇处犍陀罗地区产生了最早的有佛陀像的佛教艺术品，它的特点就是希腊—印度式佛像。当然也有印度学者认为最早的佛教产生在马吐拉，但无论佛陀首先出现在犍陀罗还是马吐拉，都是在公元1世纪贵霜人统治时期产生的人格化的佛陀形象。同时，弥勒菩萨、观音菩萨和最早的《佛传》故事也在犍陀罗地区出现。但在公元1—3世纪贵霜时代，许多的造像在样式上只是探索阶段，到了五六世纪的笈多时代，佛教造像才基本样式化，手印、标识和坐姿才形成比较固定的表现形式（图4—图7）。

图4　犍陀罗艺术中的菩萨像　　　　图5　犍陀罗艺术中的佛陀像

图6 犍陀罗艺术中的佛说法像　　　　　图7 印度笈多样式佛像

三、中国的佛像

　　佛教自公元初进入中国，作为像教，佛教造像也同时进入中国人的视野。据文献记载，最早的佛像是在汉代出现的，即所谓的汉明帝"夜梦金人"。《后汉纪》记：明帝"梦见金人，长大，项有日月，以问群臣，或曰：西方有神名曰佛，其形长人"。于是明帝派人"问其道术，遂于中国而图其形象焉"（图8）。现存实物，有江苏连云港孔望山摩崖造像、四川麻浩汉墓中的佛像，当然学者对此存有争议。至魏晋南北朝，佛教艺术大兴，出现一批佛教艺术家，如曹不兴、卫协、戴逵、顾恺之、吴道子等名手，都从事过大量的佛教造像活动。同时，全国各地也大兴土木，开窟造像。著名的云冈、龙门、敦煌、麦积山以及晚期的大足等石窟寺，向我们展示了从魏晋到宋元等朝代辉煌的佛教文化。这期间，中原的佛教造像由最初的具有中亚风格的面相、服饰、形象组合，随着信仰的深入渐渐中原化，以至形成具有鲜明儒家气息的汉地造像风格。在这个逐渐汉化、世俗化的过程中，艺术创作所具有的规律与宗教造像仪轨产生了激烈的碰撞。艺术家一方面要遵守经典教仪，另一方面又要

图8 莫高窟第323初唐窟绘汉武帝拜金像

图9 阿富汗地区出犍陀罗样式的佛说法像

造出美妙的偶像，这种戴着枷锁的舞蹈，为艺术家的创作提出了难题，这也是在佛教艺术的历史进程中遇到的一个大课题。当然，这本小书无法解决这样的大问题，笔者只是想通过这本小书，让我们可以依据前人的成果，"灵活"掌握佛教造像的量度，使之既符合仪轨又符合不断变化的时代审美需求。要特别声明的一点是：当我们走进佛教艺术圣殿，体会到那种直逼心灵的震撼，是来自宗教的神圣感，而不仅仅是一般的艺术美感。而这种造像的神圣感，源于宗教的仪轨和特殊量度而不是艺术家的自由创作。

一般来说，佛陀的形象在犍陀罗地区参考了古代希腊诸神的完美造像特征（图9），在马吐拉地区则依据古印度流行的夜叉像进行了改造，按照佛经的说法佛陀一出生就具备"三十二种大人相"。当然，"三十二相"不是佛教的发明，它源于印度传统文化中的美学思想。三十二相，是印度传统文化对理想化、成熟、完美男子特征的归纳，佛教把它全部借用过来。另外更细节的方面还有"八十种随形好"，但这些"相""好"在造像上并不能全部表现出来。

所谓"三十二相"如下（据东晋瞿昙僧伽提婆译《中阿含经》第十一卷第六品《王相应品三十二相经》）：

1. 足安平立相
2. 足下生轮相
3. 足指纤长相
4. 足周正直相
5. 足跟踝后两边平满相
6. 足两踝隐相（脚踝隐而不现）
7. 身毛向上相
8. 手足网缦相
9. 手足柔软相
10. 肌皮软细相
11. 一孔一毛，孔毛色绀右旋相（佛身上的毫毛都是右旋的，形成卍字形）
12. 鹿腨肠相（大腿像鹿一样有力而健美）
13. 马藏阴相（像马王一样阴茎收藏不见）
14. 身形圆好相
15. 手摩膝相
16. 身黄金色相
17. 身七处满相
18. 上身大如狮子相
19. 狮子颊相（面颊丰满）
20. 脊背平直相
21. 两肩通颈平满相
22. 四十齿相
23. 梵音相

24. 广长舌相（舌头伸出，能覆盖脑门）

25.（眼）承泪处满如牛王相

26. 眼色绀青相

27. 顶有肉髻相（关于这个肉髻，学者讨论的很多，或认为是骨或认为是肉，或认为是头发。同时佛头上每一个发螺都是右旋）

28. 眉间生毛相（白毫相）

经笔者录入发现《中阿含经》中的《王相应品三十二相经》事实上只列有以上二十八相，另三国时的支谦译《佛说太子瑞应本起经》，事实上也只记有稍微不同的二十六相，可见在早期经典中记载的所谓"三十二相"更多时候只是形容佛的完美，不一定具足三十二。到了唐代，印度僧人地婆诃罗译《方广大庄严经》时，所记三十二相已十分明确了，甚至也一一列出了由三十二相衍生的"八十种好"。下面据《大正藏》第三册收录唐地婆诃罗译《方广大庄严经》卷三中，通过仙人阿斯陀所言列出的三十二相以及八十种好。

三十二相：

一者　顶有肉髻

二者　螺发右旋其色青绀

三者　额广平正

四者　眉间毫相白如珂雪

五者　睫如牛王

六者　目绀青色

七者　有四十齿齐而光洁

八者　齿密而不疎

九者　齿白如军图花

十者　梵音声

十一　味中得上味

十二　舌软薄

十三　颊如狮子

十四　两肩圆满

十五　身量七肘

十六　前分如狮子王臆

十七　四牙皎白

十八　肤体柔软细滑紫磨金色

十九　身体正直

二十　垂手过膝

二十一　身分圆满如尼拘陀树

二十二　一一毛孔皆生一毛

二十三　身毛右旋上靡

二十四　阴藏隐秘

二十五　髀直长

二十六　腨如伊尼鹿王

二十七　足跟圆正足指纤长

二十八　足趺隆起

二十九　手足柔软细滑

三十　手足指皆网鞔

三十一　手足掌中各有轮相毂辋圆备，千辐具足光明照耀

三十二　足下平正周遍案地

（图10—图12）

图10　白毫相

图11　身躯挺拔如雄狮

图12　身躯柔软如母牛口鼻

八十种好：

一者　手足指甲皆悉高起

二者　指甲如赤铜

三者　指甲润泽

四者　手纹润泽

五者　手纹理深。

六者　手纹分明显着

七者　手纹端细

八者　手足不曲

九者　手指纤长

十者　手指圆满

十一　手指端渐细

十二　手指不曲

十三　筋脉不露

十四　踝不现

十五　足下平

十六　足跟圆正

十七　唇色赤好如频婆果

十八　声不麁犷

十九　舌柔软色如赤铜

二十　声如雷音清畅和雅

二十一　诸根具足

二十二　臂纤长

二十三　身清净严好

二十四　身体柔软

二十五　身体平正

二十六　身无缺减

二十七　身渐纤直

二十八　身不动摇

二十九　身分相称

三十　　膝轮圆满

三十一　身轻妙。

三十二　身有光明

三十三　身无斜曲

三十四　脐深

三十五　脐不偏

三十六　脐称位

三十七　脐清净

三十八　身端严

三十九　身极净遍发光明破诸冥瞑

四十者　行如象王

四十一　游步如狮子王

四十二　行如牛王

四十三　行如鹅王

四十四　行顺右

四十五　腹圆满

四十六　腹妙好

四十七　腹不偏曲

四十八　腹相不现

四十九　身无黑子

五十者　牙圆正

五十一　齿白齐密

五十二　四牙均等

五十三　鼻高修直

五十四　两目明净

五十五　目无垢秽

五十六　目美妙

五十七　目修广

五十八　目端正

五十九　目如青莲

六十者　眉纤而长

六十一　见者皆生喜

六十二　眉色青绀

六十三　眉端渐细

六十四　两眉头微相接连

六十五　颊相平满

六十六　颊无缺减

六十七　颊无过恶

六十八　身不缺减无所讥嫌

六十九　诸根寂然

七十者　眉间毫相光白鲜洁

七十一　额广平正

七十二　头顶圆满

七十三　发美黑

七十四　发细软

七十五　发不乱

七十六　发香洁

七十七　发润泽

七十八　发有五卍字

七十九　发彩螺旋

八十者　发有难陀越多吉轮鱼相

由"三十二相"，衍生出的更加细致的"八十种好"，以更详细的方式说明了佛、菩萨的身相"完美"。东晋慧远曾撰《大乘义章》，在《大乘义章》第二十卷（末）中讨论了这些相、好的得因，即"一切诸行，皆得相好之果"。另外隋代智顗法师撰《法界次第》，在《法界次第》初门卷下之下中也非常明确地列出三十二相和八十种好，但与前略有不同。

以上讨论，可以看出，早期正经所出"相""好"，其实更多的只是一种比喻并非实指，因为所谓三十二或八十，经中所列或者数字不符，或者没有详细指出。将印度传统的"相""好"，转移到佛陀身上，按三十二和八十这个数字固定下来，显然是逐渐发展的结果。同时，要注意的是，"相""好"只属于显教慈悲相的佛、菩萨造像规定，元以后内地兴起的藏传佛教造像，尤其是其中的密教造像，因其大多表现为忿怒相，故不属于这个规定范畴内。

显然，通过文字表达的这些诸多的"相""好"并不能全部表现在造像上。我们通过造像能看到的"相""好"往往只有：白毫相、足下轮相、长指相、（有时有）手足指缦网相、手摩膝相、（着彩造像可以看到）金色相、丈光相、顶髻相等，而梵声相、大舌相、得上味相、齿齐相（四十齿）等大多无法表现，所以仪轨的遵守是有局限的。但即使是这有局限的"相"的表现，在初期也没有完全贯彻。比如，早期犍陀罗的佛教造像，依希腊美学原则，是非常"写实"的，基本是依照"人"来表现神的，比如最典型的就是对"顶髻相"的表现。在犍陀罗艺术中，这个特殊的"顶髻相"其实就是用发带将浓密的头发束在一起，因此，那个高高凸起的部分只能说是一个发髻，而不是经典所说的一块肉或骨头。另外，在身高上，立佛也不比别的僧人高。

在整体面貌上，佛是以僧相出现的，当然佛是有头发的僧相（关于佛有头发的问题，学者的讨论是很多的，在此不作评价），这一点从印度到中国都没有变。衣服只有两种样式：或袒右，或通肩。当然密教化后，出现有菩萨相的佛。同样，菩萨的形象来源于古印度的世俗贵族，以体现他们在世间度化众生的菩萨道精神。他们衣饰华贵，体态优雅，面相静穆，无处不显示菩萨的大慈大悲精神。当然，传到中国的菩萨形象一直在悄悄地改变着，以至到了唐代成了"宫娥"的样子，由此一般中国的信众对菩萨的性别常常无法确定。但是尽管如此，这些造像还是在竭力遵守着佛教的仪轨和"印度的底本"。当然，宋代以后，文人画家往往也绘制佛、菩萨像手卷或挂轴。但那种像严格意义上说不属于佛教造像，只能说是一种借用了佛、菩萨图像以表达文人趣味的世俗艺术品罢了。

中国内地的佛教以大乘信仰为主，大乘佛教的兴起，同时带动了佛、菩萨造像。因为大乘佛教认为"四维上下"都有佛的存在，同时，大量的菩萨出来救度众生。而小乘佛教的造像相对单纯，比如中国境内的西双版纳现存的基本为小乘佛教，在大部分寺庙中，大家基本只能看到佛与弟子像，这是典型的小乘佛教造像。而大乘佛教艺术表现要比小乘丰富的多，这些大乘佛教的佛、菩萨往往通过"手印""标识"来区别，当然他们的眷属也是不同的，所以有的时候还要看组合，通过不同的组合也可以判断造像的名称。菩萨造像是中国佛教艺术中的主体，由于大乘佛教大兴菩萨道，菩萨增多，菩萨样式也日渐增多。如观音菩萨就有：莲花手观音、水月观音、白衣观音、杨柳观音、十一面观音、千手观音等。五代、宋以后，由于世俗文化的影响，菩萨像也出现了"不甚庄严"的"舒相"或"半跏"式的坐姿。这种变化有许多原因，从历史上看，印度传统艺术中也有这类坐姿，中国从唐代开始，菩萨信仰大盛，而当时的社会风气之开放程度也令人叹止。胡风的流行，使女性有机会展示自己，胡姬、胡乐、胡舞、胡服等，为这个自信、迷恋现世生活的时代提供了视听之便，对女性美的欣赏自然也流露于"女性化"菩萨的塑造上。另一方面，佛教讲求当机说法，讲变通，以方便之法引度众人进入佛门，也促进佛教造像在时代变迁中出现了一些变化。中国在北朝的东魏、北齐时，达到佛教一个盛期，尤其是河北邺城（现在称临漳）附近出土了大量东魏北齐的佛像以及南北响堂山石窟造像。这时的造像，时代特点鲜明。虽然没有明显的量度规则，但仍有法度可依，那就是三十二相和八十种好的传播。比如在北响堂3号窟就有北齐刻在窟壁上的"相好"经文。可见，至少在中国公元6世纪时，这个佛教美学观念已经为大家所熟知。

佛教在印度从7世纪开始秘密化，10世纪左右为密教的盛期。密教传入中国是在唐代，宋代也有密典的翻译，这种密教即所谓的汉密，汉密的正经，流行不广，但一些"实用"的咒术广传民间。虽然密教在汉地没有广泛流传，但在藏传佛教中却甚为盛行，元以后，朝廷崇拜藏传佛教，因而，汉地自元之后，尤其是明清，以藏传佛教造像风格为主的艺术流行于内地，而其中繁复的密教造像让人眼花缭乱。密教讲求"身""口""意"三密，所谓"身密"就是手结印契、"口密"就是口诵真言、"意密"就是观想。反映在造像上，相比于显教，密教出现了更多的手印，并且手中持物也更加丰富，这是判断佛像名称的基本标识。同时，由于密教成就法的出现，一位本尊不同的组合，就代表了不同的成就法，其名称往往也随之变化。因此，密教造像更注重仪轨和量度，所以作为一个艺人或对一个想增加佛学修养的人来说，有必要掌握一些基本的佛教艺术常识。

第二章　佛教造像量度经

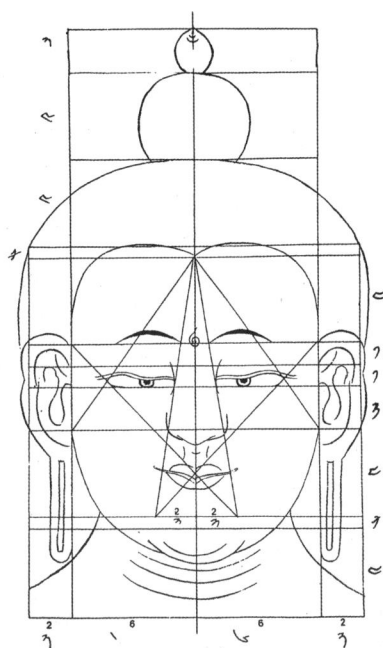

汉译《佛说造像量度经》出现在清代，也就是说在此之前，汉地并没有一个有关佛造像量度与仪轨的文本可以遵守。虽然没有文献，但一些造像"要领"或大师"粉本"则在工匠中间传诵。据说三国时的曹不兴就已经精确地掌握了佛像的"人体"比例，可见造像量度的知识在当时汉地已经为一些工匠所掌握运用。但传统的工匠行业作风是口传心授，所以并没有将这些"量度"记录成文，因此，我们无从知晓当时的工匠在造像时所依据的量度、工匠之间口传的造像量度又是通过什么途径、由哪位高人译介过来的。通过汉文史料可知，汉代或三国时的工匠，多是通过从"西域"带回的"画本"作画或造像（中国古代工匠在制作立体的佛教雕塑时，也是通过平面的画样进行的，所以虽然画样来自"西域"，但一旦将之还原成立体的造像后，可能会与原样有很大的差距，丢失一些信息），也就是所谓有"画样"，画工或雕塑家就是通过这些"样"进行摹仿，并没有一个量化的尺寸。所以，虽然是依"样"摹仿，由于没有严格的仪轨和量度规范，中国历史上一些著名的画家，依据自己的观察又产生了一些不同的"样"，如曹不兴（或曹仲达）的"曹家样"、梁代张僧繇的"张家样"、唐代吴道子的"吴家样"、周昉的"周家样"等。汉译佛典可查的造像量度和仪轨，除在一些密教典籍的成就像中，有相关造像的仪轨外，作为一部"佛说的造像经"，只有清代雍正时的西番总管工布查布所译的《佛说造像量度经》一卷，现收录于《卍新续藏》印度撰述部第1册0028号，同时又有工布查布对此经的解释《佛说造像量度经解》，收于《大正藏》密教部第21册1419号。这部经的藏译比汉译要早，大约出现在藏传佛教的后弘期（约10世纪），译者是札巴坚赞和达玛达热。一般认为藏译还有一部重要的画经，称为《画相经》或《梵天定书》（笔者有不同意见，见下文）。不同于《佛说造像量度经》讨论佛的量度，此经是专门讲述天神以及世俗人物比例的书。但是从对佛教造像的影响来看，汉、藏译本的《佛说造像量度经》都是最重要和最基本的一部量度与仪轨的书。

一、关于《佛说造像量度经》的说明

藏文《丹珠尔》关于佛教造像的经典共有四种，通常将之称为"三经一疏"，汉译只有这一部。但实际上，藏文藏经中所谓的"三经一疏"，都是来自这同一部的《佛说造像量度经》，其实是同一部经的三个不同译本和一个注疏而已。通过藏译来看，这部经至少在公元10世纪左右就有了。据工布查布在《佛说造像量度经解》中说：他用的这个藏文本子"是印度僧人达摩多罗和藏族译师查巴坚参在恭唐共同翻译的"。据学者研究，这个古老的梵文文献原本，大概在公元一二世纪，就由印度学者埃哲布编写出来，称为《画相经》，又译《梵天尺度》或《梵天定书》，这个文献在公元9或11世纪传入西藏，藏译者是达玛达热和扎巴江参。如果《佛说造像量度经》确实来自这部《梵天定书》，那么应该是经过佛教僧人对其进行了改动，即将一部古老的印度传统文献变成了佛教经典，并以"如是我闻"开头。

顾名思义，《佛说造像量度经》是关于佛教造像尺度的经典。译者工布查布为内蒙古乌珠穆沁部落的人，袭承父亲的爵位为辅国公，自幼在北京长大，精通汉藏语。乾隆七年（1742年）在北京，工布查布利用藏文本将之译成汉文。

该经本身并不长，但是此经应该与收于《大正藏》密教部的《佛说造像量度经解》组成一个完整的内容。因此，本书将工布查布所译《佛说造像量度经》及其所做的《佛说造像量度经解》和《佛说造像量度经续补》一同考虑，将之作为一个系统量度文献提供给读者，以为读者提供一个相对完整的佛教造像仪轨手册。

事实上，汉文佛教经藏中收录的《佛说造像量度经》，所说的量度内容并不多，它只说明了"造佛陀像"的量度，其他佛教神祇的量度并没有在经中提及。工布查布在《经解》和《续补》中加入的此"经"以外的内容，之所以有资格被收录于经藏中（因为经藏，通常只能佛说），理由是其说有据。笔者认为其说来源可能有三个：一是他所说的老师：弘教三藏法师广智法王提供给他的资料；二是他在文中提到的辑录于民国僧人元度的《大藏秘要》；三是他文中提到另一个材料"普明成就仪"（笔者没有检索到这个材料，推测可能是工布查布在相关密教经典中辑出的一些文字）。这些文字，虽然不是"佛说"，是工布查布"补"入的，但显然也是来自佛教的传统。但是，工布查布提到的一些造像样式和组合，明显是晚期的样子，可能就是清代流行的一些样式，所以这些材料仍然是有局限的。同时提醒读者注意：因为工布查布是信仰藏传佛教的蒙古人，所以在他所叙述的内容中，包括所附图例多以藏传佛教的图像样式为主，有的可能并不适合汉地的造像传统。对此，笔者在后面补充的汉式造像内容可以填补这一空缺。

（一）笔者在本书引述的相关内容由如下几部分组成

1.《佛说造像量度经》正文。以"佛说"的方式开始，颂说造像的全身高度、肉髻及发际以上高度、面部长度、下颏量度、唇齿量度、鼻量度、眼量度、印堂（白毫处）量度、眉量度、耳量度、头部阔度、颈部阔度、手臂指掌的量度、躯干各部的量度、大腿至足底的量度。

2.《佛说造像量度经引》，由工布查布所述。总述梵、藏、汉流传造像之传说与历史。

3.《佛说造像量度经引》之后附图十幅。这些图例基本以藏式为主，另外还有忿怒的"明王像"式。

4.《佛说造像量度经解》，由工布查布解述。但是他的经解并不是对整个经的整体解读，只是对个别名词作了注解。事实上，这个经解的意义并不大。

5.《佛说造像量度经续补》，由工布查布述补。由于工布查布本身信仰藏传佛教，因此，他表述的内容可能更多地符合藏式造像。此部分共分九段：

（1）菩萨像。附秘密部多面多臂造像法。

（2）九拃度。这个量度的佛像包括罗汉、佛母、独觉等初地菩萨发下圣者像的量度。

（3）八拃度。这个量度的佛像包括护法神、忿怒明王等。

（4）护法像。护法神，在藏传佛教中是一个庞大的体系，数量众多，所以这个部分便包括男女诸神之像，因为内容比较多，所以又分为九拃度、八拃度、六拃度等三类。

（5）威仪式。所谓威仪指的是佛、菩萨等的手印、法器、坐式和各种庄严（装饰）。因为不同的佛、菩萨这些"标识"都各不相同。

（6）妄造诫。说明造像不合量度的过失和补救方法。这部分很有意思，它说明了造像如果不合仪度所产生的负作用。通常人们认为写经造像都是功德，但事实是，如果造像不合法度，不但没有功德，还会招来恶报。其实这一训条意在说明，佛教造像一定要庄严，工匠在造像时一定要虔诚、认真。不可任意敷衍。

（7）徙灵略。指对旧损造像进行改造之前将旧像中的灵光请离仪轨。

（8）装藏略。

（9）造像福。

（二）关于经中所用量度单位的说明：

此经所用造像量度，不是我们通常使用的欧洲尺度，而是印度传统的量度。印度传统中量度单位用得最多是"指"（añguli-parvan），但"一指"的具体长度其实难以定准。对于此经中造像量度中所谓的"指"，笔者的理解是以所造佛、菩萨的中指宽度为基本单位，称"一指"，这一理解也得到工布查布在说明中的确认。为换算方便，本书在《佛说造像量度经解》部分将原典中以其他单位的量度也换算成"指"，以为读者方便，避免多种单位造成的认识混乱。另外其他量度单位还有：麦、拃、肘等。这些尺度在许多佛典中出现，在工布查布所作的《佛说造像量度续补》中也使用了"拃"这个单位。按印度尺度，"一拃"度等于"十二指"，"十二指"等于"一面长"，也即等于所造佛像的"一个面长"。为避免数字太大，在使用"指"量度的数字太多时，文中在适当时候会用"一面长"计算。故本书在解读时采用的只有两个度量单位：

1. 指。以所造像佛像的中指宽度为基准。

2. 面长。以所造像佛像的面长为基准。

二、《佛说造像量度经引》

（《佛说造像量度经引》为工布查布所述，不是正经的内容，故原文略。由于这部分对于理解佛教造像史有益，本书在此以白话述出。需要原文的话，读者可查阅《大正藏》第二十一册。）

　　造像艺术由来已久。早在婆罗门阿思陀仙人（此仙大大有名，在所有的佛传故事中，记载有这个仙人为释迦太子相面并预言其成佛之事）所著《像传》中就说：在转轮王尾亚舍统治的南瞻部洲时，那里的人可以活到10万岁。可是出了一件事，一个小孩夭折了，他的父亲悲痛欲绝，抱着孩子的尸体跑到国王面前说："圣典记载，转轮王治国，老百姓不会妄死，可是我的儿子现在死了，算怎么回事？快还我儿子！不要为此玷污您的圣名。"这位父亲如此纠缠不已，在场的所有的官员都不能让他停止。这时，为保护圣王，梵天派遣艺术之神毗首羯磨天子（Viśvakarman，为三十三天中帝释之臣，掌管建筑与艺术，古代印度工匠多祭祀此神）向世人传授了绘画之法。画家根据孩子容貌画出孩子的像，梵天又使画像复活，然后把这个活生生的孩子交给那个悲痛的父亲，父亲因此而欢乐起来，于是人们皆大欢喜。梵天赞叹说：山中最高的是妙高山，鸟中最大者是金翅鸟，人中最圣是转轮王，艺术中最优者是绘画！（这则"为亡孩画像"的故事在印度流传甚广，藏文文献记载了这个故事）于是，绘画之法广传世间，人们认为"画像"可以与被画者的"心灵"相通。

　　佛陀之像，固定表现的是佛中年时候的样子，此源于中印度摩揭陀国瓶沙王（Bimbisāra，或译影胜王）。传说信仰佛法的瓶沙王为了使远方的朋友一睹佛容，求得佛陀允许，让画匠为其画像，这是佛像产生的源头（传说佛光普照，令画工不能视佛而无从下笔。于是请求佛坐到河岸，通过水中折射的影子画出了第一帧佛像。由于水波的缘故，所画佛像的线条弯曲如丝，所以这种样式的佛像称为"水丝衣佛"。现在（工布查布指自己所处时代，为18世纪中期）尼泊尔仍然流行此样式的佛像，他们的画样似乎来自唐代吴道子的观音石刻像）。后来，佛弟子中最聪明的舍利弗撰写了《造像量度》之法，优填王依此雕刻的栴檀佛像，是立体造像之始。由此，佛教的画、塑之像开始在印度流行。造像之法传入吐蕃是在唐贞观年间。当时佛教传入吐蕃，赞普多次派人到中原和印度求法。其中"五明"典籍（指古代印度五大类学科：声明、因明、医方明、工巧明、内明。简单地说就是：声明为遣词造句；因明为逻辑学；医方明为医药医疗知识；工巧明包括的最多，有农、工、商、计数、艺术、音乐、饮食、诉讼等；内明则专指佛学）也相继得到翻译。于是允许在吐蕃境内建寺造像，其中收入"工巧明部"的"三倚"之法是最殊胜之法（三倚指的是：身倚，指佛像；语倚，指佛典；心倚，指佛塔。众生依此"三倚"而发菩提心）。这类造像法后来传播很广，从事造像的工匠也很多，但真正得其法要的只有曼氏、董氏和啾氏三个学派。当时，西藏寺庙的佛像，十之八九出自这三大流派工匠之手。对于这类佛像，一般称为"藏佛"，受到人们普遍的喜爱。因为这类佛像符合仪轨量度，故而深得人心。

我（工布查布自称，以下"我"同此）的老师（受封"弘教三藏法师"）广智法王亲自教授了我有关"密集曼荼罗"的尺寸，同时也传授给我造佛像和塔的尺寸，并附有《安藏法要集偈》的藏文本。我虽然并不十分了解这方面的事情，但也深知它们的珍贵，于是多年来一直小心珍藏。

汉地的佛像分为两种："汉式"和"梵式"。

所谓"汉式"，来自汉武帝（公元前156-公元前87年）北伐匈奴时所得的"休屠金人"。武帝把像供在甘泉宫。北魏时孝明帝（公元510-528年）派人西去迎请僧人传法，得到画像，于是在洛阳开始创建寺庙，后来渐渐盛行。自两晋、南北朝至宋代，汉地与西域各国民间和官方的交流不断，西来的佛像也逐渐增多。特别是唐代玄奘西行求法17年，用大象带回了大量的经典和上百件金属和玉质佛像。这些造像都非常美妙，属于阿育王等时代所造。（阿育王时代，实无佛像——笔者注）因此自汉代佛教传入以来，所造佛像都是以印度样式为准，工匠之流，代代相传，形成所谓的"汉式"，有的人也称其为"唐式"。

所谓的"梵式"，源自元代。当时尼泊尔善造"西域梵像"的匠人阿尼哥，跟随国师八思巴入朝，奉元世祖之命修补破损的有经脉穴孔的针灸铜人，从而获得赞誉。尼泊尔在印度之北、西藏之西，那里人多善工巧，而阿尼哥是其中出类拔萃者，所以国师八思巴把他请来推荐给世祖。八思巴，藏语的意思是"圣"，此是国师的号而不是名。国师名为洛追坚参，汉语意思是"智慧幢"。国师出身吐蕃贵族，聪明非凡，精通五明。元世祖中统元年（1260年）时封为国师，授以"主统天下释门"的玉印，然后又获封法号"皇天之下一人之上开教宣文辅汉大圣至德普觉真知佑国如意大宝法王西天佛子大元帝师"，国师继承其叔而为吐蕃当时的宗教领袖。按"世祖本传"记，世祖初年，皇帝命取出有穴孔的针灸铜人给尼泊尔巧匠阿尼哥看，并说："这是安抚王出使大宋时进献到内地的，年久缺损，无人能修，你能让它焕然一新吗？"阿尼哥回答说："请陛下允许我试试。"到了至元二年（1265年）新像完成，铜人身上的所有孔穴经络齐备。当时的金属匠人无不赞叹其技艺。他的汉人弟子刘正奉（刘元）也名闻天下。因此，元代特设"梵像提举司"，专门从事绘画或雕造佛像，称绝古今，这一流派传承的样式就是所谓的"梵式"。刘正奉，姓刘名元字秉元，天津宝坻人。他会很多技艺，但雕塑技艺尤其高超。师从阿尼哥学习"梵相"之法后，造像更是精妙传神，成为当时的绝品。当时上都、大都著名寺庙中的佛像都是出自刘元之手，天下无人能比。为此刘元官至昭文馆大学士、正奉大夫、秘书监卿。

　　这样精妙之艺，怎么可能无师指点、自己随意增减尺度呢！因为造像精准到什么程度，就有什么程度的神气。造像只有具备了神气，才能让人心生敬爱。敬爱心不同，所获福报也不同，这是自然之理。佛经说：量度不准的佛像，就不灵验，所以工匠是不可以随意造像的。然而，虽然造像量度之重要是显然的道理，我也知道一些这方面的知识，但如果不用"佛说"，则没有根源。所以我一直没有做这方面的事。恰逢陕西洮州禅定寺崇梵静觉国师进京朝见皇上，在公署相见，谈及此事。国师喇嘛告诉我："舍利弗问《造像量度经》是最详尽的一部量度经典，你要把它译出来广传世间。"我听后非常欢喜，承诺了译经之事。一个多月后，国师把经典并附图五幅送与我，于是择日开始翻译。在翻译过程中又收集了一些资料，以补充其中。仰仗佛、菩萨的加持，译稿很快完成，凡是与我有共同志向的人，将把此经作为资粮供养。

我的这个"引"是仿效吐蕃王佛陀阿布提为《五明传略引》而作，放在经文的开头。

乾隆七年佛从忉利天下还日（即藏历九月二十二日）

番学总管漠北工布查布谨识

工布查布所作《经引》后附图（附图1—10）：

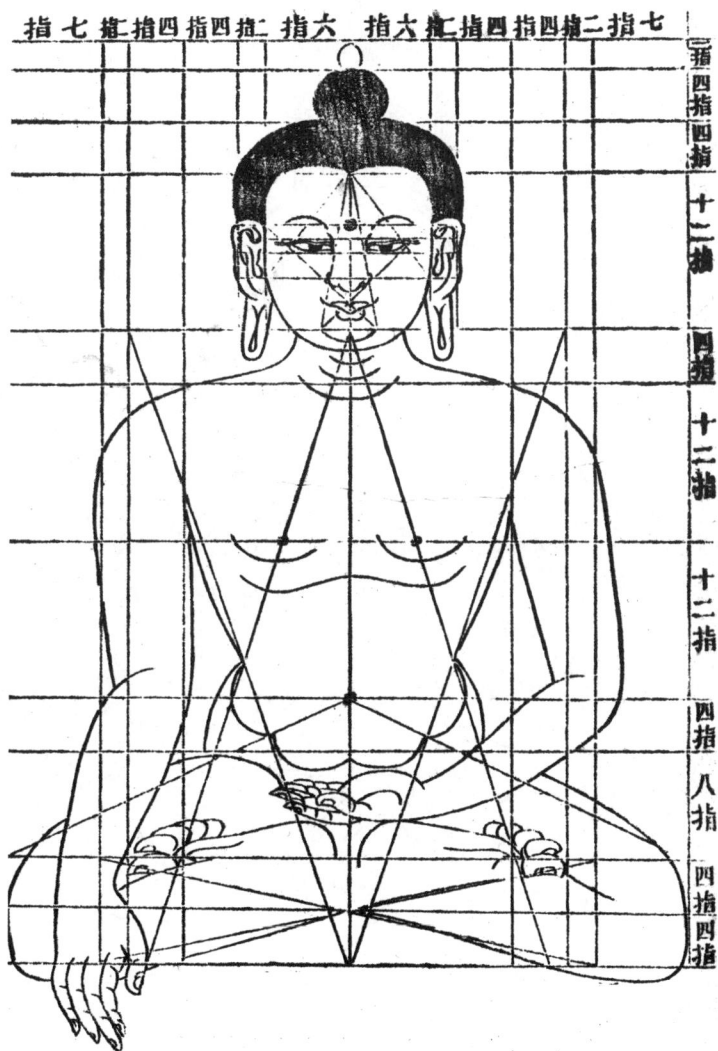

附图1　释迦佛裸体之相

附图2　释迦佛着衣之相

附图3　无量寿佛之像

附图4　文殊菩萨之像

佛教造像量度与仪轨

附图5　多啰菩萨像

附图6　佛、菩萨立像之比例量度

附图7 胁侍菩萨立像

附图8　明王忿怒像

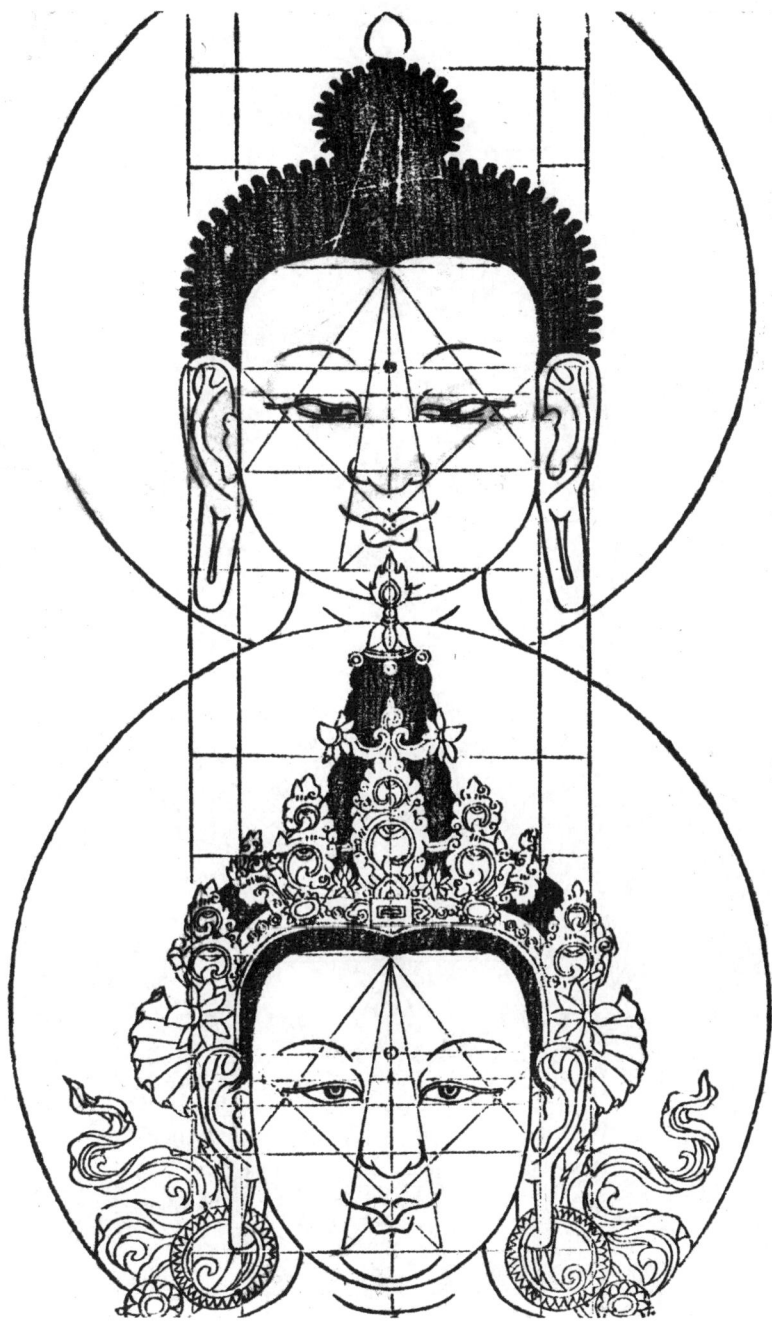

附图9 如来满月面、菩萨鸡子面

附图10　佛母芝麻面、明王四方面

三、《佛说造像量度经》原文及经解

（一）经典原文

《佛说造像量度经》（录自《卍新续藏》第01册No.0028）

大清内阁掌译番蒙诸文西番学总管仪宾工布查布译

如是我闻，一时佛在舍卫国祇树给孤独园，与诸菩萨、声闻弟子、一切人天龙神、无量眷属大众俱。正乃世尊因为母说法，将升忉利天土时也。尔时贤者舍利弗，向佛敬礼而作是言："世尊不住斯间，若有善人不胜怀慕，思睹世尊，愿造容像者，则其法如何为之？"佛言："善哉，舍利弗，我今暂升天土未旋斯间，或示无余涅槃之后，若有善人思睹瞻仰，及为自他利益作福田故，愿造容像者，则须遵准量度法为之。如来身量，纵广相称，如尼拘（二合）陀树，满自一寻。今其体肢大小节分，竖横制度，起从顶髻略说于汝。谛听，善思念之"。于是世尊即说《伽陀》曰：

以自手指量，百有二十指。肉髻崇四指，发际亦如此。面轮竖纵度，带半十二指。分三为额鼻，及颏俱得一。下分四指半，颏身只二指。广向十六足，深分径四指。上唇长二指，宽有其半矣，中显频婆形，边角各一指，口长度四指。贤者须要知，牙齿数四十，坚密白净齐。下唇长六足，宽深亦如是。人中凹槽阔，三分指之一。鼻宽二指量，准高指半矣，鼻孔圆且藏，窍阔有半指，双翅匀真圆，鼻柱横半指。目间旷八足，长分应四指。白黑睛三分，各分得满指。黑珠作五分，正中是眸子。眼宽只一足，其胞有三指，式如莲花瓣，清莹金精色。印堂白毫地，广带半一指。眉如初月牙，中高长四指。耳广有二指，尖等眉中齐。洞门宽四足，窍孔得半指。耳朵高四麦，横分应满指。耳内上下略，四分指之一。连槽深分总，二指加半指。耳叶四指半，耳垂长五指。轮郭发际边，可爱尽难比。首围面三倍，如宝盖适意。两耳面相去，十有八布指。复其背后间，相去十四指。合较周匝度，三十有六指。颈瓶广八指，圆二十四指。

颈边至肩甲，平量十二指。手长总四搩，臑长二十指。臂有十六指，巨周亦如此。肩尖圆且满，根围二十四。从起中指尖，手头正一拃。掌纵应七指，广分是五指。掌肉平饱满，滋润光滑赤，显诸吉祥纹，螺轮华钩饰。将指之长分，前面得五指。此指梢节中，食指之尖至。屈指之长分，比将矮半指。小梅指头尖，至屈末半节，四皆具三节，甲盖半节矣。巨指长四指，其周亦如是，此指只两节，甲遮如前矣。巨指食指根，相去应三指。小指根以下，四指半至基。项心脐乳间，带半十二指。自乳尖至腋，平量六指矣。两腋相去度，二十有五指。胸堂周围绕，正五十六指。自从双乳絣，十六指至脐。脐圆有折旋，深阔皆一指。此处腰围绕，四十有八指。髀枢边向里，平量廿四指。从脐至阴藏，满拃加半指。阴藏如马王，密囊有四指。股奘三十二，长二十五指。近膝围绕度，二十有八指。连节膝四指、踝骨纵三指。鹿膊纤圆直，长二十五指。中间周围绕，二十有一指。踝围十四指，其边宽二指，以下四指踵，凸阔得三指。足底竖一搩，厚分有二指，四指俱三节，甲遮末半矣。将指惟二节，围绕五指是，长度满三指，食指亦如是，十六次八分。中屈及小指，大指厚六足，余渐止满指，指根连缦网。跗高如龟背，掌平满柔软，滋润色丹赤，轮螺吉祥字。诸妙相深微，如是如来相，一切福德备。

佛说此经已，贤者舍利弗及诸弟子、一切大众，闻佛所说皆大欢喜，信受奉行。

（二）《佛说造像量度经解》

工布查布将藏文经译成汉语之后，又对此经文作了《佛说造像量度经解》。但这些"经解"今天看来，仍有许多难以理解之处。为方便读者理解，笔者参照相关资料、工布查布的"经解"和本人对于造像知识的理解，本着既忠实于原文又通俗易懂的原则，适当配图，对《佛说造像量度经》及工布查布的《佛说造像量度经解》再加以解释说明。同时，为使读者阅读清晰，对经中所述同一部位的造像量度进行归纳，并另立标题。为节省篇幅，原工布查布所作的《佛说造像量度经解》，在此不再复录，而直接以现代语言经解如下（为读者方便，适当加入标题）：

1.佛说造像量度经的缘起

如是我闻，在摩揭陀国王舍城的给孤独园中，佛正准备离开诸菩萨、弟子和护法，往三十三天为母亲摩耶夫人说法。这时候，佛的弟子、以聪慧著称的舍利弗向佛敬礼后说："世尊去说法，不在世间的时候，如果有善男信女思念佛陀，想要制造佛像的话，要遵照什么法度呢？"佛回答说："好的，舍利弗，在我去三十三天未回来期间，或者涅槃之后，如果有善男信女想要瞻仰佛的仪容，或为自己、别人作福田而造佛像的话，必须遵照量度之法来作"。

2.佛身体的总长

佛的总高度为（以佛像自身手指的宽度为标准）120指长，即（佛像的）10个面长。并且佛的身高与平伸双手的宽度相等(此为佛的三十二相之一"身分圆满如尼拘陀树"，即纵广相等相。欧洲也有类似的人体比例，如意大利文艺复兴时期达·芬奇所说："人平伸两臂时的宽度等于他的高度。")

下面细说构成这120指高度的各个部分（文中所说量度"指"，皆是以造像自身佛指的宽度为单位）。

（1）头部及颈的量度

肉髻：肉髻高4指。

头发：（从肉髻到发际表现的）头发宽度也是4指。

面长：（除去头发，表现的）面部长12指半。将这12指分成3份：从发际到额头为1份长4指，从额头到鼻尖为第2份长4指，从鼻尖到下颏为第3份长4指半（加这半指是指雕塑，画像不用加）。

下颏：（从下唇到下巴的）下颏长2指，宽4指，沿着边折叠为双下巴，此为佛之重颏相。如果是雕塑，从下颏到喉颈，进深是4指。

唇：上唇左右长2指，厚度1指。上唇中间表现为一个频婆果形（频婆，梵语bimba或bimbajā，意思是"相思豆"，豆为红色，佛经中常以"频婆"比喻红色。此处，比喻佛的上唇中间红润饱满如此果）。嘴角向外延长各1指，稍上翘如花瓣的尖，好似含笑。下唇宽厚都是1指半。佛的嘴加上嘴角总共宽度是4指。

人中：从鼻下向1指半为人中，人中的凹槽宽三分之一指，雕塑表现的深度比上唇凹入八分之一指。

白毫相：（白毫，本指佛菩萨眉心的一根毫毛，按佛经所说，这根长长的白毫，在佛说法时，会伸展出来，发出万丈光芒。但在绘画时，往往为一圆点，雕塑则多嵌一宝珠。）从发际向下3指为白毫，白毫细纤柔软呈右旋（顺时针方向）状，毫末向上，形成的圆形直径为1指。

眉毛：从白毫向下半指处，再向左右各半指为两眉的前梢。从眉前梢到眉尾为4指，眉尾对着耳尖的根部。眉中间的宽度为四分之一指，两头稍细，整个眉毛形成一个初二的月牙形。

眼睛：佛的眼睛表现的是入定的样子。形如长弓，从眉隆起的最高处向下1指半为上眼皮。如果是雕塑，则这个上眼皮要凸起四分之一指。上眼皮如莲花瓣形。眼睛睁开有半指，眼睛左右量的长度为3指（加上左右眼角的半指合计眼长4指）。在眼睛长度为3指内平分3份，中份是黑眼珠。黑眼珠再找平分5份，中份是眸子。眼睛的颜色：眼白为珍珠白。黑眼珠的黑中透红。眼角的肉为淡红色。眸子最黑，要描上金圈使之发光如电。眼睫也是黑里透红，长而浓密如牛的睫毛。

鼻：鼻子分为山根、鼻头、鼻孔、鼻翅、鼻柱5个部分。山根起于内眼角，山根高宽都是1指。从山根向下，鼻梁隐约弓弯，鼻头圆满。如果是雕塑，鼻头连鼻柱高出1指半，鼻翅高1指，宽半指。鼻孔正圆，正视不见鼻孔。鼻孔深1指，鼻孔的边与鼻柱相齐。鼻子总宽大致为2指多一点。

耳朵：耳与眉齐，耳朵总长度为9指半。其中耳叶长4指半、宽2指、耳垂长5指、宽1指半。耳朵（耳洞旁边，形如未开之花朵）有两个"凸"，上凸圆一些，下凸扁一些。这个"凸"横宽1指、厚度半指（指雕塑）。耳洞宽1指、深半指（指雕塑，绘画则不表现）耳槽横阔1指多一点（雕塑的话，其深度可为2指）。雕塑的话，耳叶背宽1指半，正面两耳洞相距18指，脑后两耳根相距14指。

颈部：脖颈规圆如瓶颈，颈宽8指、高4指。喉下有三级纹，纹的位置：

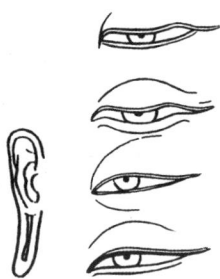

图13　佛头画法　　　图14　眼部画法　　　图15　耳部画法　　　图16　耳部详图

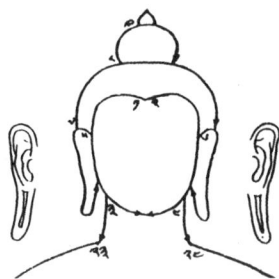

自下巴向下约半指处为上纹、向下约1指多一点为中纹、向下2指处为下纹。圆雕的颈部周长24指，颈到肩12指。

合计：自肉髻至颈底部为24指（图13—图17）。

（2）上身各部分量度

体腔： 即喉至脐部的上半身。上半身的全长为25指，也可以说是两个面长多1指。其中，从喉至心窝（与乳齐的位置）12指半，从心窝至肚脐也是12指半。两腋处的胸、背宽都是25指。从腋向里平量6指为乳头，两乳相距12指，如果是雕塑多加半指。乳头直径半指，雕塑的话，乳头高出四分之一指。乳晕画出宽度为四分之一指的酱色圆环。两乳位置的上身宽度为22指。两乳下2指处上身宽20指。脐上1指处的（腰）宽15指（佛的上身呈健壮优美的倒三角形）。脐处的上身宽16指，脐孔圆而不显，孔纹右旋内折。孔宽1指，雕塑的话，孔深也是1指。圆雕的上半身还要增加量度的有：两腋处的肋厚8指、周长66指，两乳处的肋厚10指、周长60指。脐上1指处的周长45指（是腰最细部位的量度）。脐处的周长48指。

手臂： 手臂总长4面长，并且要柔软如象鼻弯转。上臂长20指、小臂16指、宽5指，臂最粗的周长也是16指。手长12指，其中手掌长7指、掌基（与腕相接处）宽6指、掌最宽处7指、生指处宽5指。手指：从手掌正面看，中指长5指、平分3份为3节。食指的长度到中指第一节半处。将食指平分3份为3节，无名指矮中指半指。三指的根处基本相齐，中指微高。小手指的长度到无名指最上节的节线处，根比中指低半指。以上是从手掌看各手指的长

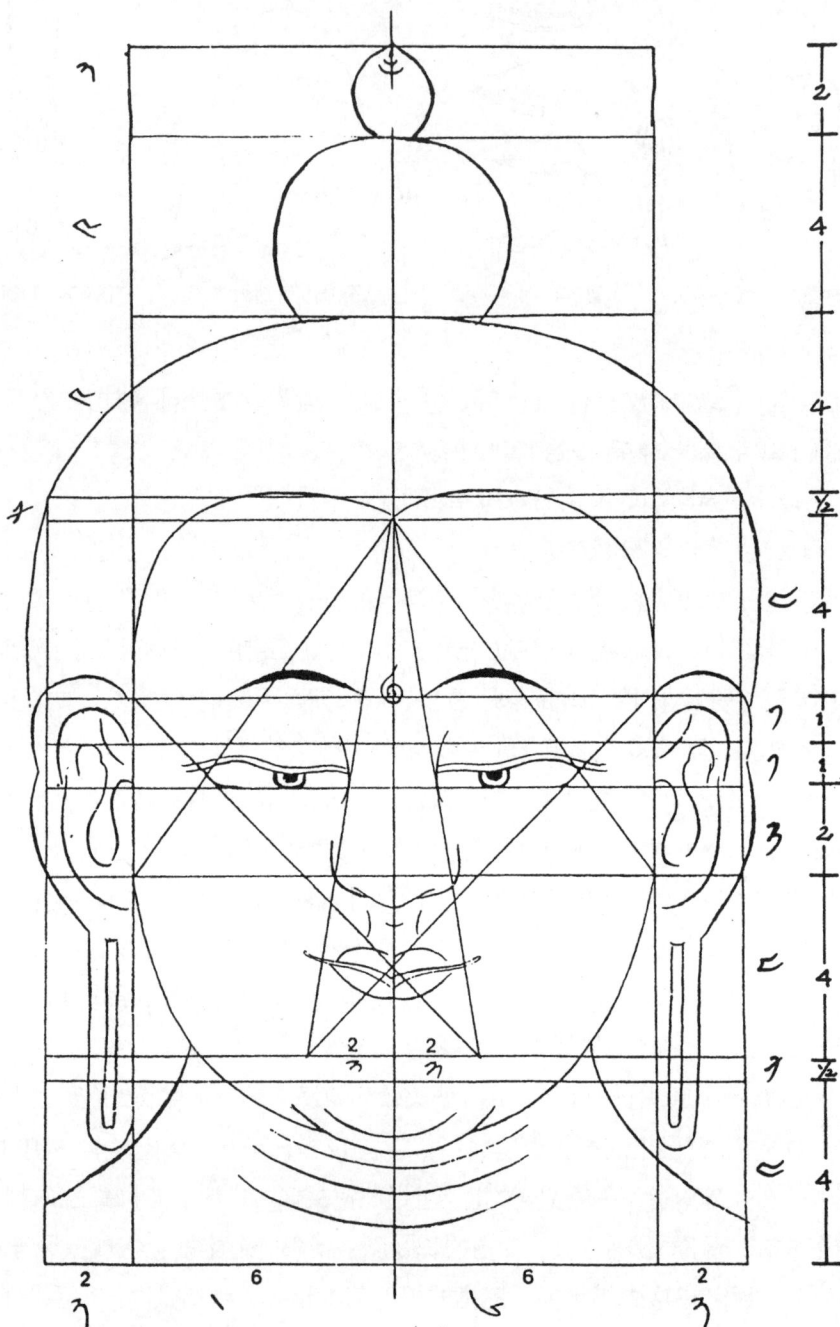

图17　佛面各部分的量度关系

度。从手背看，中指：上节长2指、中节长2指半、下节长3指。手背长4指半，其他3指如此推度。雕塑的话，四根手指的周长（粗细）：指根周长为指长的三分之二。即中指周长3指多一点、食指周长3指、无名指周长将近3指。指梢的周长为指长的三分之一，即：中指尖周长近2指、食指尖略细、无名指又细。大拇指：长4指，分为二节，生根处比食指低3指，距腕处为5指，周长4指。指甲：位于各手指上节上半处，指甲尖比手指长出八分之一指，指甲根边沿宽度十六分之一指（通常用"线"表示就可以了）。手的颜色：手掌要丰满平坦，光滑红润，色如丹砂。手心有千辐轮相，相纹右旋（手脚都有轮相，此为佛的三十二相之一）。五指之间有薄皮相连（此为"网缦相"，也是佛的三十二相之一），指肚饱满。指甲色如红铜而明亮，高出指尖八分之一指的指甲为白玻璃色，光亮无垢。

　　合计：自肉髻至脐全长49指。实际上，在计算时，头颈部量到喉以下，上半身又是从喉开始计量，所以这里应该减掉约1指多，准确地说上半身的长度约48指，即4个面长（图18—图20）。

图18　手臂弯曲似象鼻　　　　图19　手的量度比例　　　　图20　手指要柔软

（3）下身量度

胯骨：胯骨在脐下4指，两胯边相距24指。密处（裆部）两外边相距25指，菩萨的两外边相距只有19指。圆雕的话，胯的周长是54指。

阴藏：自脐向下12指处为阴藏，与胯骨成三角形。这个三角形的两角正是两臀尖，下面的角为阴藏。阴藏如马王，即阴茎内缩不露。密囊垂状，纵长5指，宽4指（"阴藏相"也是佛的三十二相之一，印度早期佛像有此相表现，但中国的佛造像一般不表现这一相）。

腿：大腿的量度：从胯至膝长24指。腿根宽12指，中部宽11指，近膝处宽9指。周长是不同部位宽度的3倍。膝的量度：膝盖长4指、宽9指。雕塑的周长是宽度的3倍（即27指）。由于膝盖骨凸起，雕塑时加1指，膝的周长为28指。小腿的量度：从膝盖到脚（不含脚跟）全长24指，与大腿长度相同。其中：腿肚宽7指、脚脖宽5指。圆雕的小腿周长是宽的3倍。脚踝的高宽都是3指，后边宽2指，踝骨不显。

脚：脚后跟高4指，盈满规圆，凸尖处宽3指。脚掌长12指（不含脚趾），宽：趾跟处为6指、脚心处为5指、脚跟下为4指。雕塑的话，厚：里面2指、外边1指。脚背：饱满如龟背、脚背生处比脚跟高半指。脚趾：大脚趾最长、肚面2指、侧边3指、背面3指、厚1指半、周长5指。二趾与大趾同，只是略薄。其余三趾渐次略短、略薄，到小趾只厚1指。除大趾为两节外，其余四趾为三节。趾甲：位于上节半处，色、网缦都与手相同，轮相妙纹也与手同（图21—图25）。

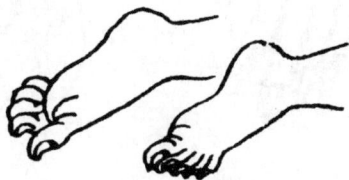

图21　脚的姿态

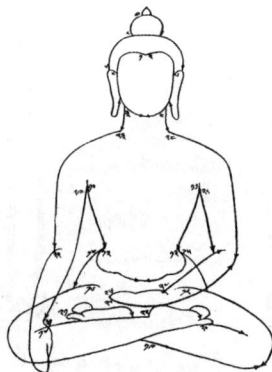

图22　佛身量的比例

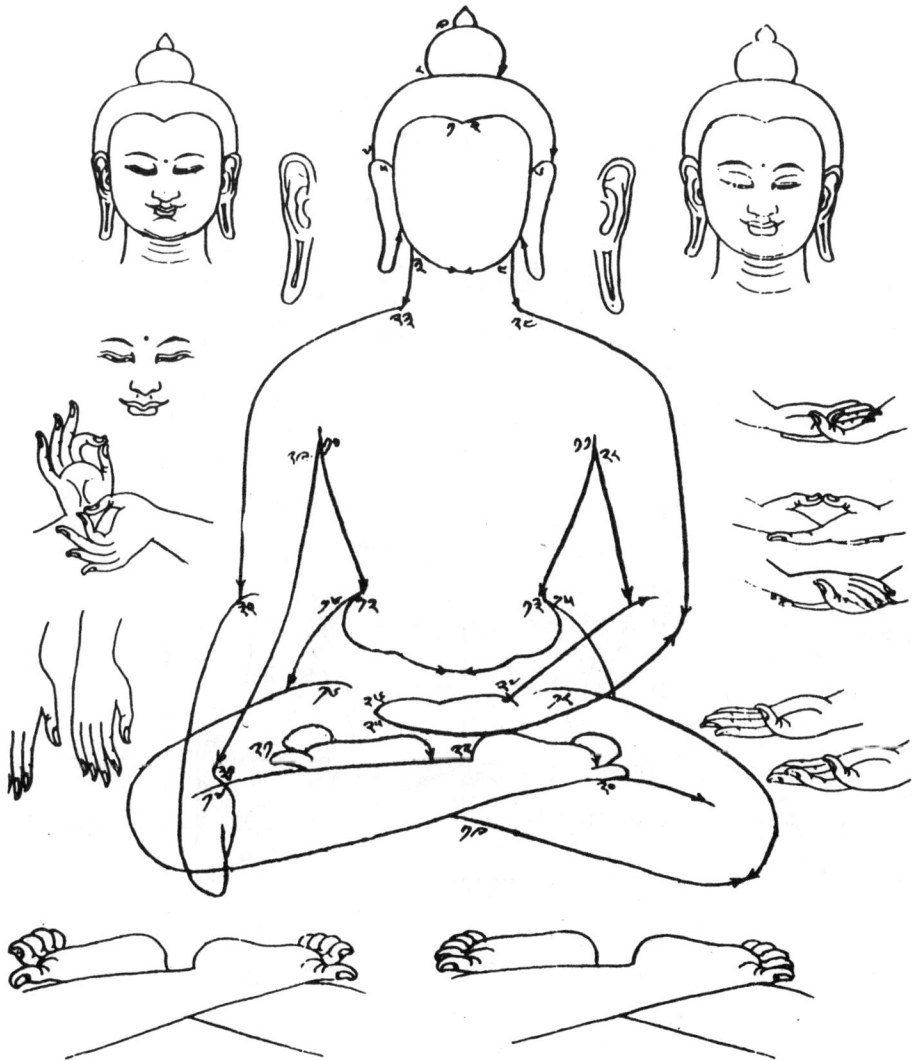

图23 佛身体各部分的画法

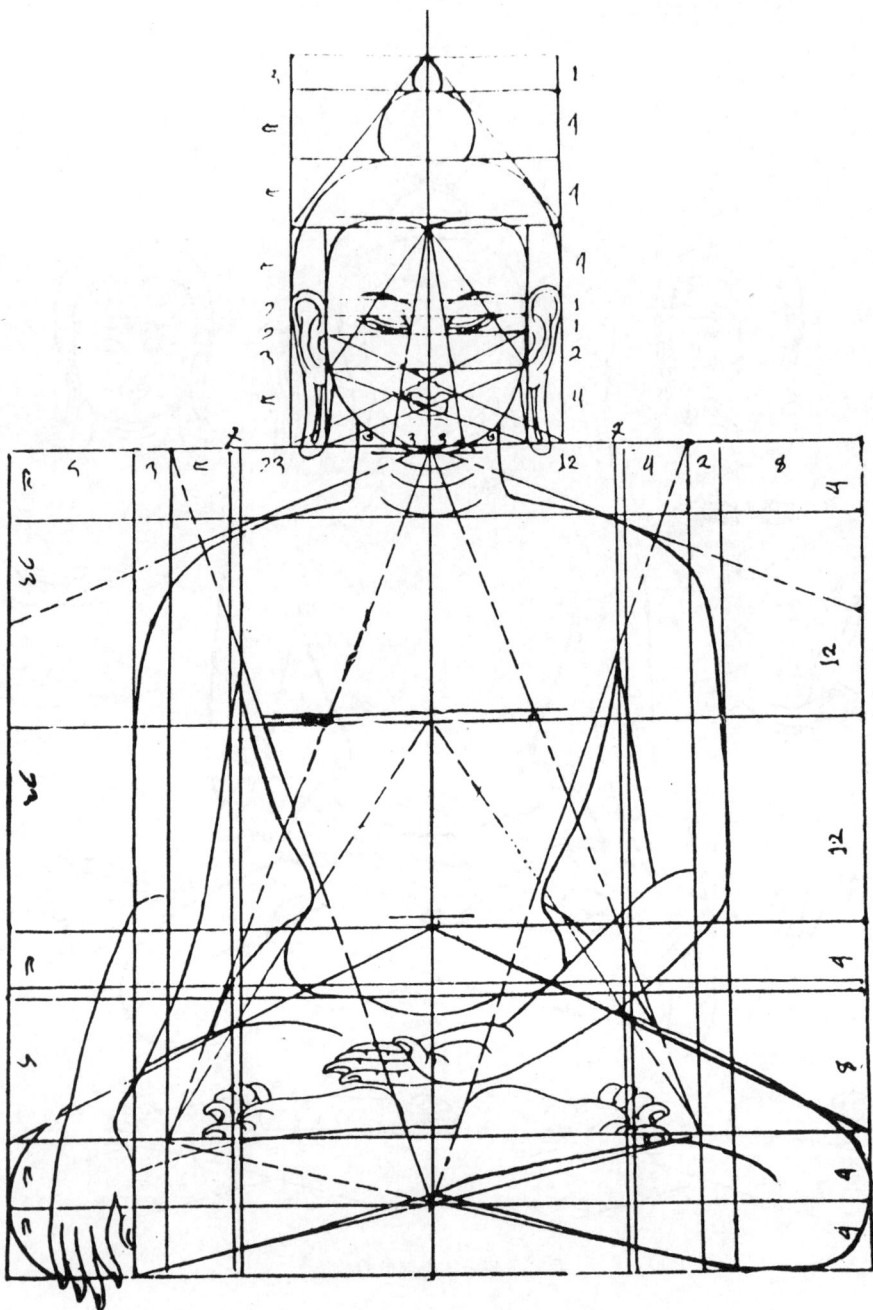

图24 施触地印佛像的整体量度关系

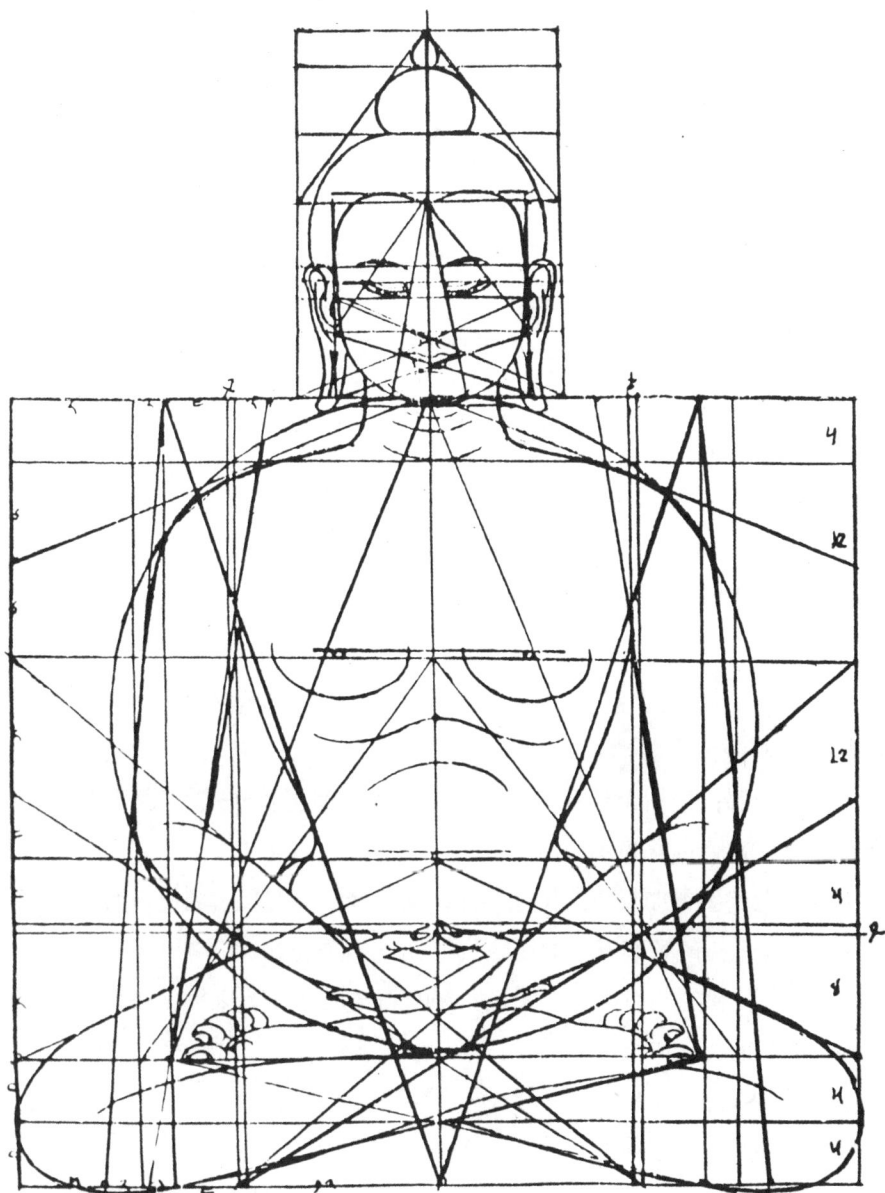

图25　结定印佛像的整体量度关系

以上为佛的妙相。

（综上，《佛说造像量度经》的内容结束，以下是工布查布在文尾补充的内容）

（三）工布查布对《佛说造像量度经》的补充

凡画三世佛（过去、现在、未来三佛，即过去燃灯佛、现在释迦佛、未来弥勒佛）、三方佛（东方、中央、西方三方佛，即东方药师佛、中央释迦佛、西方阿弥陀佛）以及药师佛、七佛、八十八佛（指过去五十三佛与礼忏三十五佛合称）、贤劫千佛、一切化身佛皆可以此为准。

以上经文规定的佛像量度，可适用于汉、藏显教佛像的表现，尤其汉地造像多以此为准。在《佛说造像量度经解》中，工布查布解释完经典内容，又补充了密教造像的量度。关于这方面的知识，并没有一部可以依据的专门经典，工布查布所说，如前所示，可能来自他的老师弘教三藏法师广智法王及对一些密典内容的辑录，以及可能一些印度匠人的传授。因此这些密教造像量度，主要反映了藏传佛教造像的准则。总之，工布查布在此讲述的密教佛、菩萨相的量度，并没有在行文中具体说到某种量度的经典来源。

秘密相佛，包括无量寿佛（指报身样式，即密教样式）、卢舍那佛、毗卢遮那等五方佛的量度：

1. 头上宝髻要加半节五股金刚杵，这个金刚杵的高、周长与前面说的宝髻（应该是前指的"肉髻"）量度相同。

2. 密相的佛通常有高高发髻，发髻的高度是10指，肉髻含在其中。发髻的根，雕塑的话，周长是12指，肉髻上周长10指，顶周长8指，上两节以金带系紧。剩下的头发编为4股，从两肩垂下，发梢略过肘部，其余部位的量度与前述佛的量度相同。

3. 身上的饰物。不同于显教佛像的僧人相，衣饰极简。密教造像的装饰很繁复，其中有8件宝饰为"大饰"，它们是：宝冠（即五佛冠）、耳环、项圈、大璎珞、手钏、脚镯、珍珠络腋、宝带。此外还有所谓"小饰"，包括：

耳垂所戴青色莲花、天冠左右下垂的宝带、脚镯上围绕的小铃、手上的戒指等。总之"小饰"的数量不定，可根据需要描绘。另外，上衣为云肩飘带、下裳为杂色长短重裙。（图26—图28）

图26 密教中有头饰的佛像（西藏江孜白居寺第三层施与愿印的宝生佛）

图27 有各种庄严的密教佛教（西藏江孜白居寺第三层施触地印的阿閦佛）

图28 密教的五佛冠

4. 座。佛座从仪制上可分为两种,即备、便之别。

（1）备:指"备座",为仪制全备的意思,根据用途,"备"类座又可分为"通""别"两种。"通座"指的是常见的狮子座,诸佛及经、函、塔、幢都可通用。"别座"指的是密教五方佛各自的座式:

中部如来部主毗卢佛——狮子王座,喻无畏。

东部金刚部主阿閦佛——象王座,喻大力。

南部宝部部主宝生佛——马王座,喻神足。

西部莲花部主阿弥陀佛——孔雀座,喻自在。

北部羯摩部主不空佛——鹏鸟座,喻无碍。

（其他佛或佛母,只要知其属于哪个部,便以其部主的座相而用之）

（图29—图34）

图29　有生灵座的五如来（11世纪克什米尔风格）

图30 狮子座大日如来

图31 象座阿閦佛

图32　马座宝生佛

图33　孔雀座阿弥陀佛

图34 鹏鸟座不空成就佛

佛座背（背光）的形制发展至完备时称"六拏具"式，即由六种形象组成，它们是：

伽噜拏，意为大鹏鸟，现慈悲相（大鹏鸟与慈悲两个词的梵文相近，故借音而以形）。大鹏鸟位于六拏之最上端。

布罗拏，意为鲸鱼，其实是摩羯，现保护相。位于座的两侧，对称出现两个。

那罗拏，意为龙，现救度相。在座的两侧对称出现。

波罗拏，意为童子，现福资相。对称出现。

舍罗拏，意为兽王，现自在相。对称出现（这个兽王，在形象表现上，很难确定是什么动物）。

救罗拏，意为象王，现善师相。对称出现。

六拏具并不是一下子就齐全的，在印度早期的造像中，通常只能看到两或三种形象，在中国以居庸关为代表，已经表现了完整的"六拏"样式。

（图35）

图35 西藏江孜白居寺吉祥多门塔外六拏具装饰　　图36 莲花座佛

（2）便：指"便座"，为随便取用之意，如莲花座、月轮座、日轮座（日轮座一般用于怒相佛），这类座形式一般是规圆的，也可以按照跏趺之式略变形。这种座的量度：座厚10指、垫厚2指。

以上为密教部佛的形制和量度（图36）。

四、《佛说造像量度经续补》

按佛说"造像量度"经，原本是为了让因无法"亲见"佛陀的人，可以瞻仰圣容，因此，经中所说，只有"佛"的量度。而其他如菩萨、罗汉以及藏传佛教造像中出现率很高的护法神的量度并没有说到。因此，工布查布在《佛说造像量度经解》之后补充了这部分内容，但这部分量度来自何处，他也没有具体说明。

《佛说造像量度经续补》分九类：菩萨像类（十拃度）、九拃度像类、八拃度像类、护法像类、威仪式类、妄造诫、徙灵略、装藏略、造像福。

（一）菩萨像

菩萨像，指佛的八大弟子（八大菩萨的说法有几种，常见的是：观音、弥勒、虚空藏、普贤、金刚手、文殊、除盖障、地藏），他们已成正觉，通过其救度众生的愿力而现菩萨相。这类像的量度属于"十拃度"像，与佛的长宽量度相同，为120指，各部分量度与佛相同。因为菩萨像的密教样式较多，在这部分后附有藏传佛教最为流行的十一面千手眼观音像的量度。

高宽总长：120指，或10面长，需要补充的各部分量度如下：

1. 头部。顶尖宝严2指高，发髻高8指。面如蛋形，呈喜悦慈爱之容。目长3指、目外有1指、宽1指，目如莲花瓣。

2. 胯骨。两边相距19指。

3. 服饰。服饰与报身佛像相同，但要比之轻健，以花蔓为络腋。整个菩萨的形象看上去为面、唇无须的16岁童子相（宋代以前的菩萨多有两撇小胡子）。

菩萨像以一面二臂为本元，但密宗的形象则有变异。有多面多臂的，以此外相示义。如：大威德金刚，就是以九面表示大乘九部经义。有的以非常的形象来显示其调伏异怪的威力。如观音大士为折伏十头罗叉鬼王而变现十一面的喜、怒异相。同理，其手足的意义也是以此类推。时轮、胜乐金刚、大悲观音等像，其面、臂的数量和分布方式因各家传授方式不同而有差异，但道理是一样的。所以，在这里以十一面观音为例，介绍多面多臂之分布方式及量度。

十一面及千手眼观音的量度与分布方式：

1. 总长。十一面观音身高与佛立像相同，即10面长，或120指。从脐到阴藏处为16指，比佛该处多加4指，全身白色（包括第一层正中面也是白色）。

2. 十一面的量度。从下向上的顺序：

（1）第一层三面。正中一面与佛面同为12指长，发际与佛同为4指，但宽只有10指，慈相。右面长与正面同，宽只是长度的一半（雕塑的话则为8指）。鼻头高出1指，为蓝色。左面量度与右面同，为红色。第一层三面称"法身三面"。

（2）第二层三面。正面长宽都是8指，现悲相，两眉微颦，无笑容。发际3指，淡黄色。右面长与正面同，宽只是正面的一半，另加鼻高四分之三指（雕塑则宽6指），第二层三面称"增长三面"。

（3）第三层三面。正面长宽7指，发际3指，现喜悦相（微笑），粉红色。右面长与正面同，宽只一半。鼻子高半指，绿色。左面与右同，紫色。第三层三面称"报身三面"。

以上三层的三个右面都是颦眉直视的微怒相，左三面都是喜悦相。

（4）第四层一面。为大怒明王相，长宽6指，发际比例与前面相同，描绘时要注意的是发梢旋转而凝定有力，如狮子鬃须，青色。

（5）第五层。也是最顶端，这个位置是阿弥陀佛的化身面相。此佛面：面宽5指，颈高1指，发际半指、肉髻1指，宝髻半指，其他如五官等可审度以定。红色，也可为金色。

此十一面，除阿弥陀佛面外，其余十面都是三眼。

以十一面观音的面部分布和量度为标准，其他多面神像可以依此类推（图37、图38）。

3. 多臂。从心窝上6指，再向左右横量12指分别至两腋，以此为点（此点的准确位置是向上3指到肩头，向下3指到腋窝）各自向外以50指为半径画两个圆，所有的手都在圆内，分布自然，形成扇状。

千手具体分布：手若上举，就从上向下排列。手若下垂，则从下向上排列。层次的划分：以原先所画圆环为限，从外向内画5层同心圆，每层递减4指，组成6层同心圆。最里层圈的两边均分3份，左右合计6份。第二层圈两边均分12份，左右合计24份。第三层两边均分14份，左右合计28份。第四层两边均分16份，左右合计32份。第五层两边均分18份，左右合计36份。第六层两边均分20份，左右合计40份。千手便在每份内，身体所占不在分份之内。

所谓"千手"包括：法身8手、报身40手、化身952手，合计千手。

千手的姿态与持物如下：

（1）法身8手：2手合掌、6手持法器。

2手当心合掌：中心虚空。持法器6手：左第1手持白莲花、左2手持弓箭、

图37 十一面千手观音

图38 一面千手观音

左3手持净瓶。右1手持念珠、右2手持轮、右3手施与愿印。左3右3及合掌2手计8手。左右第1手位于肩的位置、手向里倾。左右第2手略举，左右第3手略垂。6只手在6层同心圆的最里圈，分布在左右均分的6份内而不在内圈（图39）。

（2）报身40手：从上向下排，左右各20手。

右20手持物或结印：1. 佛像、2. 如意宝珠、3. 日精珠、4. 青莲花、5. 锡杖、6. 白色金刚杵、7. 利剑、8. 铁钩、9. 白拂、10. 左右第10手合拱，结"等蜗印"（在脐下4指处双手合拱，右手仰、左手俯，大拇指互相把握）、11. 贤瓶、12. 宝山、13. 骷髅杖、14. 梵夹、15. 钺斧、16. 金刚铁椎、17. 施无畏印、18. 持玉印、19. 长枪、20. 交杵。

左20手持物或结印：1. 宝殿、2. 宝箧、3. 月精珠、4. 红莲花、5. 五钵、

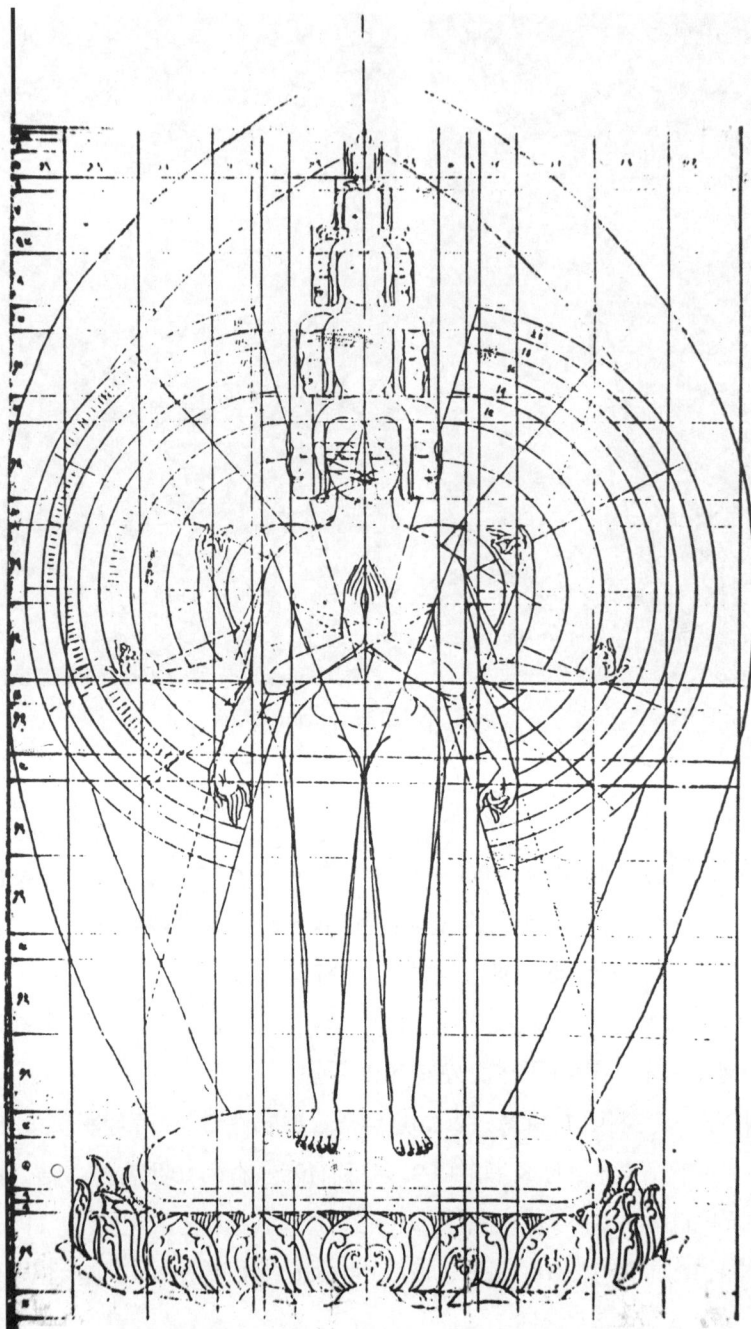

图39　十一面千手观音手的量度与身体比例关系

　佛教造像量度与仪轨

6. 金刚铃、7. 傍牌（盾牌）、8. 绢索、9. 杨枝、10. 左右第 10 手结"等蝠印"
如前、11. 宝镜、12. 玉环、13. 右旋白螺、14. 五彩祥云、15. 莲蕊、16. 金刚
橛、17. 禾穗、18. 葡萄、19. 叉、20. 黄莲花（图40—图75）。

此左右40手在第一层圈内从上向下排成一排如扇形。通常所谓"千手"
观音如并不表现千手，而只是40手。那么引"报身40手"就分成两排，从
第11手开始参差出现于第一排的左右10手之间。

（3）化身952手：

在第二层圈的12份中再各分6份，得72份，每份一手，左右共得144手，
但最下两手不用，其实共得142手。

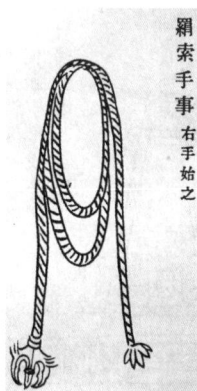
图40 右手之始：绢索手

图41 持金刚手

图42 白拂手

图43 白莲花手

图44 牌手

图45 宝钵手

图46 宝铎手

图47 宝弓手

图48　宝剑手

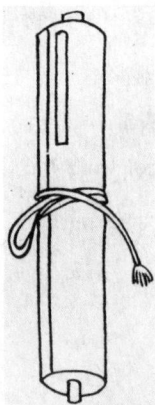
图49　宝经手

图50　宝螺手

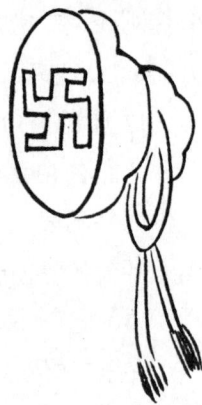
图51　宝印手

图52　顶上化佛手左右手合

图53　金刚杵手

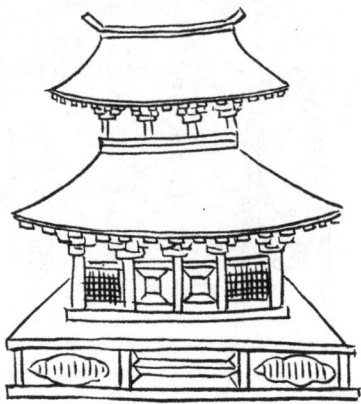
图54　宫殿手

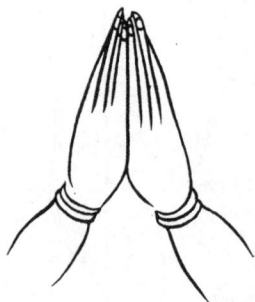
图55　左右合掌手

图56　红莲花手

图57　胡瓶手

图58　戟鞘手

图59 金轮手

图60 军持手

图61 宝杖手

图62 葡萄手

图63 青莲花手

图64 施无畏手

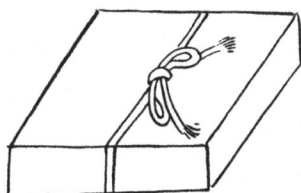

图65 宝箧手

图66 数珠手

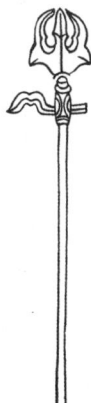

图67 铁钩手

图68 五色云手

图69　锡杖手　　　图70　杨柳枝手　　　图71　玉环手　图72　月精摩尼手

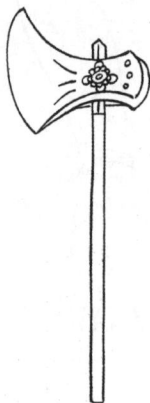

图73　钺斧手　　　图74　紫莲花手　　　图75　日精手

在第三层圈的14份中再各分6份，最下两手不用，共得166手。

在第四层圈的16份中再各分6份，最下两手不用，共得190手。

在第五层圈的18份中再各分6份，最下两手不用，共得214手。

在第六层圈的20份中再各分6份，左右共得240手。

以上合计满千手。化身的952手全部施与愿印，掌中眼参差互相，一手一眼，互不侵碍。法身8手大小正常，报身40手略细。

受材料的限制，绘画可以表现的手较多，但雕塑通常表现"法身八手"，"报身四十手"样式也已少见，做满千手的就更少，原因是若不得法则难以将"千手"布置清爽。千手眼的宗教含义是：千手代表贤劫千位轮王，千眼代表贤劫千佛。所以虽然表现不易，但依法修造面、臂俱全的像，功德自然非常大。

从佛教经典的角度讲，"十一面千手眼观音"其实并不存在。《十一面观音神咒经》表述的十一面观音只有两臂，或四臂。而《千手眼大悲陀罗尼咒》表述的千手眼观音则只有一面。从中国国内现存文物来看，最早的也是"十一面观音"，这种十一面观音，多为两臂或四臂，也有的是八臂，如敦煌莫高窟初唐的几幅壁画都是两臂。而千手眼观音图像的出现略晚于十一面观音，以敦煌为例，所出唐代的千手眼观音，多为一面。千手眼观音信仰在唐代兴起，武则天时代开始盛行所谓"千手法"，并出现大量造像。随后千手观音眼与十一面观音结合，出现"十一面千手眼观音"像。但一个有趣的现象是此种观音造像在印度并不流行，甚至可以说几乎不见。据笔者所知，目前在印度石窟中只发现一尊十一面的观音像，但这个孤例是受到中国的影响而出现的还是它影响了中国的造像？至于千手眼观音在印度到目前为止仍没有被发现。

千手的分布及量度，可以作为其他神的广臂相标准。

如有多足的像，其分布如下：从腿根（裆部）向外画，由逐渐只现脚边，到出现脚尖、脚背、脚趾及宝饰全部出现（图76、图77）。

衣饰与报身佛相同，八件宝饰都可相同，观音菩萨以仁兽皮为络腋。仁兽，形似山羊而小，毛短、色微黄，脊毛纯黑，有美丽的角。菩萨披挂此皮的方式：毛向外、头前尾后，斜披左肩上，以兽头皮遮盖左乳。右后腿皮从后背至右腋下挽过至像前，与右前腿皮交系在一起。这一装饰只为观音和弥勒菩萨像所用。

（二）九拃度

这个量度的像包括独觉、罗汉、佛母等，其长宽为108指，即9个面长。如与佛像同置一处，此类像的高度只是佛像高度的十分之九，大约与佛眉齐。如单独造像，其自身高度的九分之一为一面长。具体量度如下：

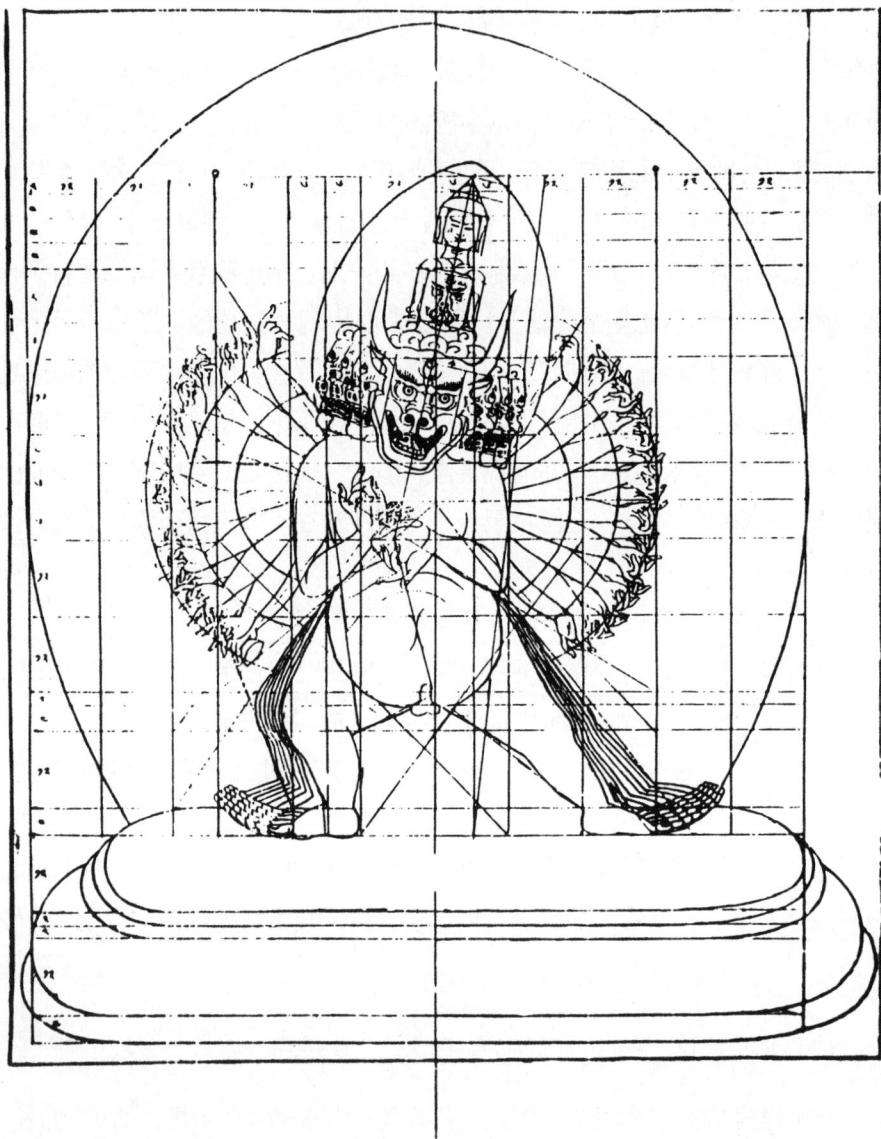

图76 多臂多腿大威德金刚的量度与比例

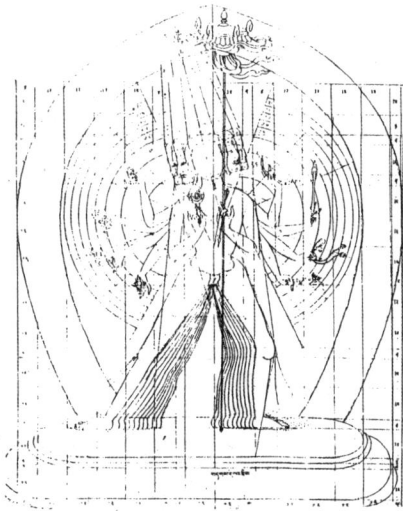

图77　多足多手多面的白伞盖佛母

1. 头部。发际3指、面长12指、颈3指。

2. 上身。喉至心窝12指、心窝至肚脐12指、肚脐至阴藏12指，合计上身长36指。另外上身还有肩及手臂量度：从心窝向左右平量10指为两腋，从腋至肘18指，从肘至腕14指，手长12指。双手平伸左右长度也是108指或9面长。

3. 下身。大腿长24指、膝盖3指、小腿24指、脚背3指。

以上高宽分别共计108指或9面长。

属于九拃度的诸像又小有区别：

1. 独觉佛：头顶上微现肉髻。面目与佛同，肢体量度与上同。

2. 罗汉：包括十六或十八罗汉。顶无肉髻，相貌或老或少或善或恶或胖或瘦或丑或俊，总之雅俗怪异、动静喜怒各现其相。色彩上赤黄白黑都可以，但需目正鼻端，最忌肢体缺伤。总之，罗汉像在佛教造像中，相对来说，是最"自由"的一类，可以随其境况巧妙处理。

服饰上，独觉和罗汉都着僧衣。

3. 佛母（明妃）：有五部佛母，或有佛、菩萨被大慈力，以就世间"慈母恩重"之情，化现为女相者，以及信女、女神发大愿成道者都可称为佛母。面相为16岁童女相，脸形如卵或芝麻，目横长3指、宽半指，微睁状，形如莲花瓣。乳房直径8指、周长24指。雕塑的话凸起4指、坚实不倾。乳头高宽1指。两乳房相距2指。头发系一半，系起的发髻高6指向后倾一点，余发下垂、发梢过肘。手腕、脚腕、指尖、腰都比其他类像要细一点，肩亦低2指，但胯要宽厚。衣服庄严与菩萨像相同。总之，佛母的表现要庄严而窈窕。（图78—图81）

（三）八拃度

八拃度像即是"八个面长"的像，属于一切忿怒相神的量度，包括忿怒明王和忿怒相护法。上品是明王，如十大明王，列众的是护法，如男性护法之首神大黑天神等。

八拃度，长宽为96指。具体量度如下：

图78 河北石家庄毗卢寺壁画罗汉

图79　救度佛母画法

图80　佛母面部

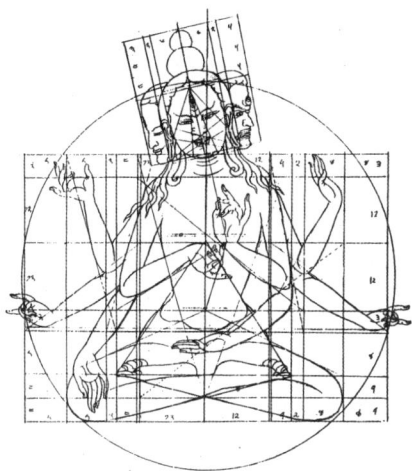

图81 尊胜佛母的量度与图式

1. 头颈。发际4指，面至颈12指。面形：男方女圆，三眼，且红而圆。两眉矍蹙，张口龇牙卷舌。头发。忿怒相神头发多为向上扬起，竖高12指，上按顶严部主佛，佛像高4指。发、须、眉皆赤黄色，做火焰状。头戴五骷髅冠，冠高6指宽4指。其中骷髅高4指、骷髅上的装饰高2指。

2. 身体。颈至心窝12指、心窝至肚脐12指、肚脐至阴藏12指。大腿18指、膝盖4指、小膝18指，脚背4指。手臂：从心窝至两腋左右各10指，从腋至肘左右各14指，从肘至腕各12指，两手各12指。

3. 服饰。璎珞庄严天衣与菩萨同。另有虎皮裙、蛇为络腋。

4. 背靠。火焰形。

5. 底座。座高12指，其中莲花占10指、日轮占2指。如日月轮重叠，则各占1指。若足下踏有生灵，则卧下的生灵高度是8指、日轮1指、莲花3指。或随意处理，总之合不过12指。

6. 明王又有蹲立而脚尖向外之式，双腿一展一曲，称"左展姿"或"右展姿"，两脚以脚跟为标准，相距36指。

八拃度这一形制的造像一般可分为两种：一种是微露和悦相者多为明王。细分：目长2指、宽1指半。上下牙有空间1指半。肚腹下垂遮盖大腿三分之二，通身不露骨筋脉络。另一种是威怒大恶相，多为护法神。细分：眼长宽同为2指、上下牙空间2指。翻鼻孔，指甲如虎爪，手足筋脉完全暴露。

（四）护法像

护法像是男女诸神的像，包括有九拃度、八拃度、六拃度三大类。关于这部分造像的量度比较混乱，故工布查布在此加以纠正。

护法神，有男女两种。男以大黑天为首，女以功德天女为首（笔者：事实上，在藏传佛教中，女性护法神之首是"吉祥天女"。之所以出现这样的差异，是因为在后期有将"功德天女"与"吉祥天女"等同的情况）。此二神量度按前"八拃度像"即可。色彩：男女皆为青色。所持法器：男右手持钩刀、左手擎颅器。女右手挥剑、左手擎颅器。大黑天神有时候也可以官相。男女护法神，为印度和西藏寺庙僧众所尊，寺庙也多见供奉此二神（图82、图83）。

图82　男性护法神之首大黑天　　　　图83　女性护法神之首吉祥天女

　　除为首的大黑天和功德天女外，其余诸神还有西域所谓"白道八十八神"，包括：八大天部、八大龙、八大曜、二十八宿、四大天王、九大怖畏、十五镇方神、八大守土神。汉地一般供奉的护法是"二十诸天"（工布查布此说"二十诸天"其实是自南宋释行霆《重编诸天传》之后广泛流行的一种供奉组合）。汉地的"二十诸天"与西域"白道八十八神"虽名称有部分重复，但其实各显其异。在此以汉地习俗为参考，表述几尊造像的仪则。

　　1. 可归入九拃度的神像有：

　　镇方神：镇上方神大梵天、镇东北方神大自在天、镇东方神帝释天、镇西方神水天（白色、善相、两手持蛇索）、镇西北方神风天（绿色、善相、手执风旗）。

　　天：那罗延天（青色微怒不张口，右手执金轮，左手触胯执宝杖）、欲自在天（即魔天王、贤劫千佛之弟，因有千兄成佛的经验而快速得道。样式为红色善相、左手执弓、右手执箭，武士的样子）、多闻天、持国天、辩才天、功德天、韦陀天童、坚固地神、菩提树神、鬼子母天、摩利支天、日宫天子、月宫天子及娑竭罗龙王。

2. 可归入八拃度的神像有：

镇方神：镇东南方神火天（红色、善相、头发连鬓、胡须橙色，带宝冠、耳环、手钏、着缦衣。右手持念珠、左手持净瓶）、镇西南方神罗刹鬼王（青色、恶相。右手持利刀，左手持贼人首级）、镇北方神财王（黄色、善相、武士相。戴宝冠，右手执宝杖、左手持钱包）。

天：增长天、广目天、密迹金刚、散脂大将、阎魔罗天、阿修罗王（黑绿色、武士相。右手执利剑、左手执圆盾）金翅鸟王（人面鸟嘴牛角、腰以上人身、以下鸟体。头面青色、脖颈至胸为红色、肚腹白色，腰以下黄色。翅尾绿蓝杂交。两手合掌于胸前，两牛角间饰以摩尼宝珠。同时鸟王饰耳环、项圈、璎珞、臂钏。双翅做展翅欲飞之状）。

3. 可归入六拃度的神像有：

六拃度又称"侏儒量度"，是诸种矮身神像。

本书收入六拃度的神只有吉祥王菩萨。吉祥王菩萨即"邪引天"，也称"象鼻天"，为八大天之一，也属于镇方神，所以又为"八大守土神"之一。此神白色、善相、象头。面长12指，象鼻不在分内。右手执钺、左手拿有叶的萝卜。

具体量度如下：

面12指、下颔至心窝10指、心窝至脐10指、脐至阴藏10指。大腿12指、膝盖3指、小腿12指、脚跟3指。总的长度72指。

胸膛横宽12指、腋至肘8指、肘至腕10指、手12指。左右手臂加胸宽度合计72指。

（图84、图85）

（五）威仪式

威仪指的是佛的手印、姿态、颜色和标识等。密教中有许多佛，辨识他们主要通过手印、持物（标识），如果是绘画还可以通过颜色进一步确定。

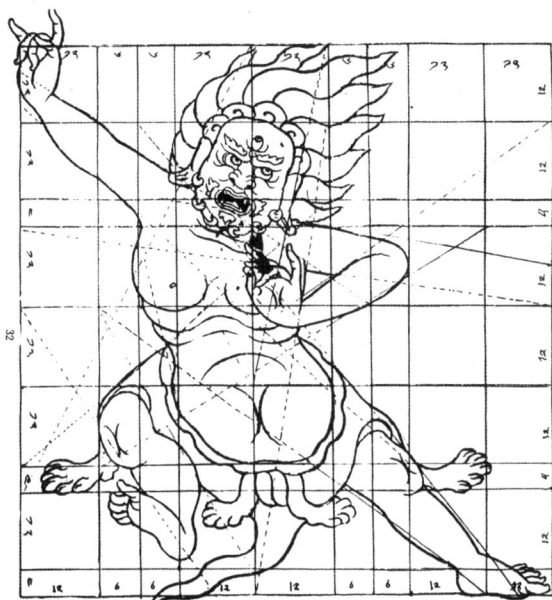

图84　六拃度量度的神像

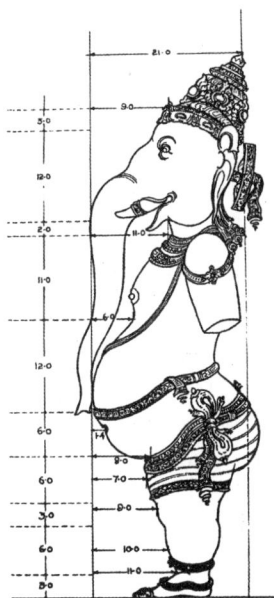

图85　印度传统艺术中象鼻天
的量度

所以在造像时，不能随意处置颜色和持物。同时这部分也包括庶人的身体量
度特点等。

1. 五方佛之威仪

（1）东方金刚部主阿閦佛：蓝色，右手施降魔印、左手托五股金刚杵，
以大拇指和无名指捻持。金刚杵是阿閦佛的重要标识（阿閦佛也译作"不
动佛"）。

（2）南方宝部主宝生佛：黄色，右手施定印、左手施与愿印。摩尼宝珠
置于左掌上，宝珠是宝生佛的标识。

（3）西方莲花部主阿弥陀佛：红色，双手结定印。如果有标识则为红莲
花（常见的五佛中，双手结定印的阿弥陀佛一般不持红莲花）。

（4）北方羯摩部主不空佛：绿色，右手于胸前或乳旁施无畏印，同时捻
持五色交杵（交杵即十字金刚杵，五色交杵：上五峰红色、下五峰白色、左
五峰绿色、右五峰黄色、中心蓝色。事实上持五色交杵的不空佛并不多见）、

左手定印。

（5）中央如来部毗卢佛：白色，双手结最上菩提印。即两拳收于胸前，右拳握左拳、二拇指并竖、二食指尖相依。如果白色的毗卢佛有标识，则双手作定印，于手心上置金轮。

上述五佛，头顶部都有五股金刚杵或摩尼宝珠。他们的手印也是最基本和最有代表性的。如果一铺造像表现很多佛而不知其手印，则可以通用以上五印。

另外，常见的手印有：

（1）毗卢佛大智印（或称智权印）：左大拇指平入右拳内握之，起立当胸。

（2）不空佛拨济众生印：不空佛通常施无畏印，但有时也施拨济众生印：拇指、无名指相捻、余三指竖起，置于乳旁之处。

（3）释迦大乘法轮印：双手分别以拇指与食指相捻并置于胸前。与捻花的文殊菩萨手势相同。这个手印通常被误认为是弥勒佛，原因是两佛的法轮印相同。

（4）说法印：右手胸前扬掌、拇指与食指相捻，似策划指示之状，谓之"说法印"。

（5）授记印：授记，指的是佛预言某人将来成佛或有所成就。授记印：右手施无畏印、左手握拳执袈裟角。

（6）期剋印：或称"禁伏印"，一般为怒相神所用。期剋印：中指、无名指并屈，以拇指掩之，食指微竖、小指作钩状。

手印有很多种，一些经典也多有记载。如民国金陵刻经处出版僧人元度所辑《大藏秘要》等，其中详细说明了佛、菩萨的手印、颜色等。另外要注意的是：化身像（僧相）多表现为空手印（不持标识），而报身相的密教佛除手印外，还兼持标识。但并非固定不变。造像中所表现结手印的手，一定要柔软，指指相随，如鲜花花瓣，不能制作的生硬难看。

2.八大菩萨之威仪

（1）大智文殊菩萨：中黄色，标识为梵夹。如果是"双标识"，文殊在梵夹之外再加上宝剑（图86）。

（2）大慈弥勒菩萨：中黄色，标识为净瓶。如果是"双标识"，弥勒在净瓶之外再加上龙花枝。

（3）大悲观音菩萨：白色，标识为莲花。因为手持莲花，观音也被称为"莲花手"。

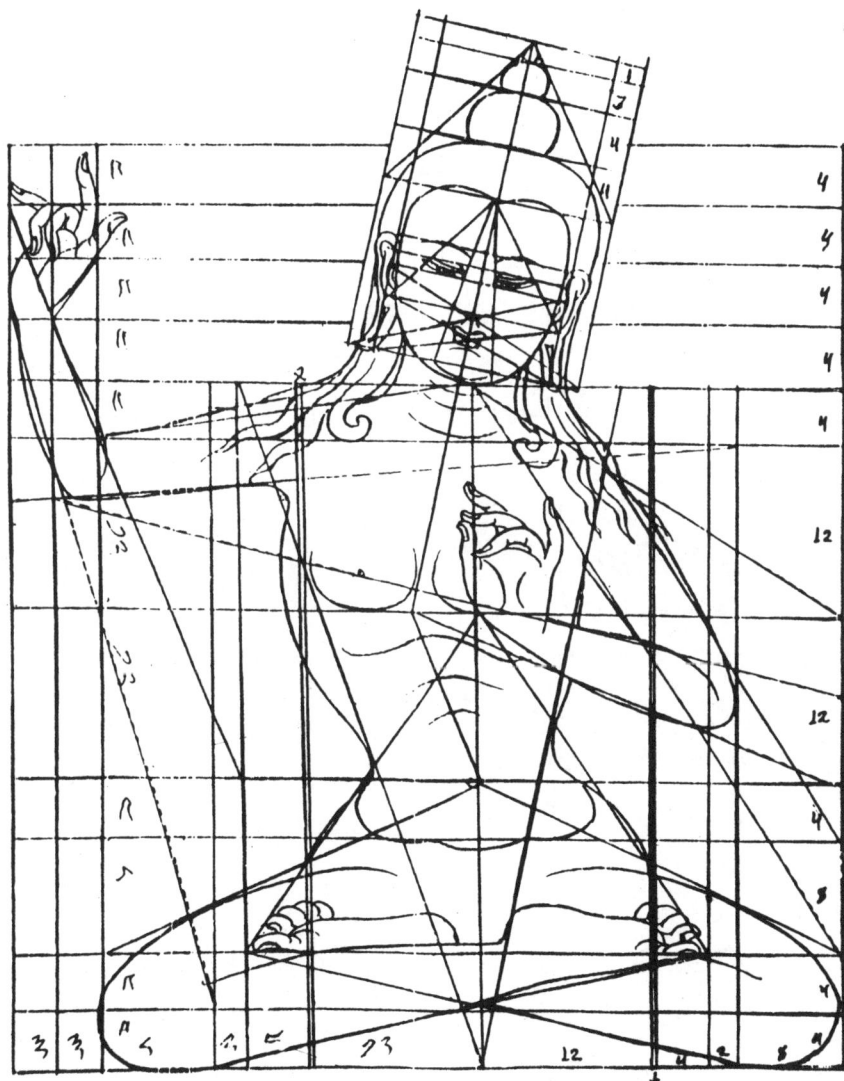

图86　文殊菩萨的量度与姿态

（4）大行普贤菩萨：红色或浅蓝色，也可以是白色。标识为如意。

（5）大势密主菩萨（或称金刚手菩萨、大势至菩萨）：绿色，标识为金刚杵。

（6）大力空藏菩萨：蓝色，标识为剑。

（7）大愿地藏菩萨：黄色，标识为鲜果。

（8）大勇除障菩萨：白色，标识为宝瓶。

3.十二缘觉（或称"十二辟支佛"）

缘觉或辟支佛，指的是在无佛时代，自觉自悟的圣者。十二缘觉：消烦、明积、无畏、勇调、利慧、山胜、大声、麟角、除毒、示神、狮子吼、速意。

缘觉像头顶上微现肉髻，肉髻加上头发高3指、雕塑的话，粗细为高度的3倍。

4.十八罗汉之威仪

（1）上行第一，摩诃迦叶。迦叶通常是释迦三尊之一，与阿难立于佛的左右，迦叶为老相。

（2）多闻第一，阿难。与迦叶立于佛左右时，阿难是少者。

（3）智慧第一，舍利弗。

（4）解空第一，须菩提。

（5）说法第一，富楼那。

（6）神通第一，目犍连。

（7）论议第一，迦旃延。

（8）天眼第一，阿那律。

（9）持戒第一，优波离。

（10）密行第一，罗睺罗。

（11）化俗第一，优陀夷。

（12）火定第一，索伽怛。

（13）苦观第一，婆的性呵。

（14）乐静第一，憍梵钵提。

（15）谨慎第一，佛弟难陀。

（16）狮子吼第一，阿说示。

（17）正辩第一，婆摩罗夫。

（18）初度第一，阿若憍陈如。

缘觉与罗汉的手印、标识没有确定。手印可禅定、施与愿印、无畏印、说法或合掌。标识可用锡杖、钵、梵夹、念珠、净瓶、白拂、蝇尘、如意、柱杖等。

另外，罗汉中第三舍利弗、第六目犍连二者手持锡杖、钵，站在佛的两边，其他十六位尊者两边列坐，以第一位迦叶和第十八位憍陈如为两列之首。

罗汉的量度为"九拃度"，但其眼睛长度只有2指，宽则随意。人间的转轮王（国王、皇帝）身量为九拃度，目长2指、宽1指，余则与帝释天等护法神相似。区别只在其可有鬓须，可以画的老态一点。这样画的理由是：人间王会衰老，而天神永远是童子相。所以人间的王不可以表现为童子面。

庶人量度高宽不等，表现为高3拃半、宽为4拃（反之亦可）。凡人不具有量度之相，这也是佛教艺术中对于凡、圣在量度上的区别。

上面为威仪中的手印、标识。下面讲述威仪中的坐式。

五种基本坐式：

（1）金刚跏趺坐。此坐式又分为：吉祥坐（右脚在外）、降魔坐（左脚在外）。

（2）菩萨跏趺坐。又称：半跏趺坐。

（3）莲花跏趺坐。这种坐名，为密宗称法，其实等同于吉祥坐。

（4）勇猛跏趺坐。即跏趺坐。

（5）善跏趺坐。即欧式坐姿，双腿下垂的高坐，也称"倚坐"，通常弥勒佛为此坐姿。

以上为五种基本坐姿。

综上所述，凡所谓"善相"，指的是庄严如菩萨者；所谓"恶相"，即忿怒如明王者；所谓"官扮"，指的是着大领宽袍、宝带朝靴。另外，"善相"神，用宝冠，"怒相"神则用骷髅冠。所谓"武扮"者，指的是着铠甲、朝靴、头或戴头盔也可戴冠。

一切造像，用纯金色，亦佳。

（六）妄造诫

这部分内容也是工布查布在《佛说造像量度续补》中讲述的，没有直接的经典依据，应该是从信仰的角度，通过辑录经典相关内容进行的整理归纳。但对于造像者来说，避免佛教造像上的一些失误，以区别于世俗造像还是有益的，故附录。

妄造诫：凡制造的佛教造像不合量度和法度，会给制造者和供养者招致的恶报：

1. 失业而流落他乡。如果造像口部（从人中到下颌尖）、颈、大臂过长，为"极恶"之事，其作者会因此受到"惩罚"，那就是招致失业而流落他乡。

2. 家业败落，万事不如意。如果造像腮、胸、肋，不丰满又塌陷也是"最忌"，其作者由此会招致家业败落、万事不如意。

3. 做事不长久、争讼失败。如果造像额颅、鼻、乳房，歪斜不正，为"大过"，由此，作者会招致做事不能长久、与人争论、诉讼失败。

4. 损寿、被盗。如果造像脊柱两旁、胯、大腿肌肉，太平、不丰满，由此作者会招致减寿和被盗。

5. 福、寿受损。如果造像上面的华盖、背光、宝座，太小并且细窄，由此作者会招致人生的福、寿受损。

6. 受种种罪。如果造像的眼、耳、鼻、嘴、唇、额、颏、腮等处，表现的不清楚或歪斜不正，由此作者会招致种种罪。

另外，手印、标识的制作也要仔细。

7. 招致大祸、不得安宁。造像中最易出错的地方是：鼻、手指过短；口部、脖颈、腿、臂过长；额颅、耳叶、胸太狭窄，犯这些错误，会招致大祸、生活不得安宁。

8. 田地有灾。造像，尤其是佛、菩萨高、宽不相等，会招致家里田地有灾。

9. 子孙出残疾。造像的肢体歪斜，会招致自家子孙身体残疾。

10. 孕胎不利。如果造像的大腿太瘦，会招致家中妇人孕胎不利。

11. 果、谷不收。如果造像圆处不圆、满处不满，则家中果树、谷物无收。

12. 失物破财。如果造像小微处不合量度或法度，会招致失物破财。

13. 家族衰败。如果造像有折断，而不修补，则招致家族衰败。

14. 家遇盗贼。如果造像有裂纹而不进行修补，则招致家中遇盗招贼。

以上是造像不当或造像出现破损时，可能招致的灾祸。所说这些，目的在告诫造像者和供养者要发心造像、诚心供养，不能随意而为。所以：制造和供养量度不合法的佛像或像破损而不修补，不但没有功德，而且还会给人招来邪魔。所以，造像要庄严合度。

既然供养不合法度之像也不利，那么，如果圣像破损了怎么办呢？佛教规定，如果佛像出现失患，应及时重修、重绘，或择日重造，在修补、重绘、重造的时候，要按照相应的仪轨行事。对于损坏过分严重，无法修补的圣像如何处理呢？那就要从佛龛或佛殿中将其撤下，换上所造新像供奉。但是撤掉旧像不能随随便便行事，要遵照仪轨而行，这其中最关键的是将旧像中的灵光请离，这就涉及"徙灵"之仪：

（七）徙灵

将旧像请离前要将此像中的灵光请离，这称之为"徙灵"。

如果不先徙灵，就直接改造或处置旧像，则属毁像废塔，其罪甚大。徙灵要遵循一定的仪轨，在此略述其仪。

首先，徙灵之仪，要由高僧主持。事先准备一切改修应用之物，包括选定工匠和其他艺人，然后择日定时而行。在该日的前一天，由高僧主持，做消灾吉祥道场，向寺庙中佛祖诸神供奉斋食，救济贫苦。工人等要发心，立志诵如下偈语：

> 我等诚心通明力，如来威神加持力；
> 法界清净巨思力，以此真正大势力；
> 诸愿为善功德事，无碍自成尽如意。

言毕，坛主拈香，掌管敲磬的人敲磬，三拜而起。众人胡跪（胡人跪法，即一膝着地、一膝立起）合掌。坛主高声祝曰：

某（坛主自称名号）率领众等，实发道心，至诚仰启觉聪，俯垂鉴证。今特为重葺圣像，因具足福德瑞祥，以宝坛胜境巩固，而供用资粮增长，广摄遐迩不偏，普脱苦恼患难，教化炽盛无边际，众生欢乐记平安。所以敢举改容事，竭尽施主（某人等）力，恭奉恕不遗留敕，钦尊古德通画一。明日谷旦徙灵光，慈悲准允锡利益。

（奏乐。观作欣然即许之想，然后诵赞，之后的仪式依据以往，结束即可）

第二天（即正日）斋济道场如同前一天，再唱前日所诵六句偈：

> 我等诚心通明力，如来威神加持力；
>
> 法界清净巨思力，以此真正大势力；
>
> 诸愿为善功德事，无碍自成尽如意。

唱毕，用一面镜子，由坛主捧至像前，对着像照射。同时说祝辞如前，注意把"明日谷旦"四字改为"今日此时"。作乐时，坛主念咒：惹、吽、婆母、和。坛主一边诵咒，一边观看，仿佛看到佛像的智慧之光忽然离开圣像，如凤雏离开孵化它的蛋壳。然后观想这种智慧之光如流星进入前面的镜子中，接着用干净的红布把镜子蒙起来，包裹好。同时，另一个人也拿着一个干净的布，把圣像的脸蒙起来。诵"安住咒"：唵、苏巴拉、底思茶、跋阇罗耶、婆诃。这面镜子不能让它歪或倒掉、也不能让它上下错位，将镜子摆正放在干净处，以后凡是有礼拜、供养之事，要在这面镜子前举行，而不能在残像前行事。这样，一直持续到新像完成。但在灵光安住新圣像之前，蒙镜子的布千万不能打开。

以上是徙灵之法。

旧像"徙灵"之后，虽然没有了"灵"，但仍属于圣物，不能随便处置，对旧像处理有如下之法：

1. 木像。对于旧的木像，请离灵光之后，用净绵布缠绕，用香油和蜜浸之，然后以火化掉，其灰沉于清渊。

2. 石像、泥像。对于破损的石像、泥像，将之收集一处，在旷野清洁处，掘地将其掩埋。

3. 金、银、铜铁像。对于这些金属造像，可以化掉重新再用。

做以上处理旧像之事，要由高僧大德主持，凡人不可自由行事。

一般来说，之所以"徙灵"，多是因为旧像残败要做新像，或是修改因材料不好、量度不合的像。但如果在圣像原地举行"徙灵"道场不便、需要迁移别处的话，旧像千万不能移动。如果只是感觉圣像不够庄严，但并没有严重的过失，也没有显露出不祥的征兆，那么就不要轻易改动圣像。可以念诵相关的大乘经典、持诵此神的咒语，从而弥补这些小的过失，也去掉人心中的疑惑。也可以将《大宝楼阁总持》写在墙壁上，镇灾得福。

（八）装藏（附："安像总持"）

"装藏"是佛教造像过程中一个重要环节，"装藏"之后，一个人工制造的圣像，才具有"灵魂"。

佛教可分为"显""密"两种，这两种教法的造像都有"装藏"之说，也就是在像中安置"舍利"。舍利有两种之说、四种之说。两种指的是：法身舍利和生身舍利。法身舍利指佛法，此处以经籍代表。在西藏地区一般采用法身舍利装藏，并且通用的五部大陀罗尼，即：《佛顶尊胜陀罗尼》《佛顶放无垢光明陀罗尼》《正法秘密箧印陀罗尼》《菩提道场庄严陀罗尼》《十二因缘咒》。生身舍利指佛的身体舍利,如佛牙舍利、佛指舍利。所以常说的"生身舍利"有三种：一骨舍利，白色；二发舍利，黑色；三肉舍利，红色。"生身舍利"又分佛舍利、佛弟子舍利。佛的舍利非常坚固，弟子舍利则不及。由于佛的生身舍利传世有限，加之一般修行人都可出舍利，因此，舍利的真伪十分难辨。因此，装藏时一般以法身舍利为多，而不强用生身舍利装藏。

在安装法身舍利"五部陀罗尼"时，同时要安装"种子"字。"种子"指的是五部元主如来(五方佛)和六大菩萨(据《六菩萨名经》,六菩萨指的是：狮子戏菩萨、狮子奋迅菩萨、狮子幡菩萨、狮子作菩萨、坚勇精进菩萨、击金刚慧菩萨)的根本明灵种子（ 种子，在"唯识学"中指的是：通过识，生出现实的原因和影响现实的结果。密教中，通过不同本尊的梵名或真言之首字母，来代表不同的本尊称为"种子"）。

　　本节讲述的即是圣像的装藏仪轨和所装内容。包括五大陀罗尼、五处种子字、五处梵文咒语、五宝、五甘露、五药、五谷、五香的用法。如何选取造像所用以及书写梵字的心木，以及制造和安装此木。末后附"安像法"，即请灵光安住像内的仪轨。

　　1.顶上肉髻内安

　　2.颈部喉内安

　　3.心间内安

　　4.脐孔内安

　　5.密处（阴藏处）安

　　6.额上安

　　以上这些位置中，如果（是雕塑）内有心木，则将前面提到的种子字按顺序写在心木的前面。如果没有心木，就将这些种子字写在纸上，分藏于相应的位置上。如果是平面的画像，就依据准绳，直接将梵文种子字写在居中相应的位置上（通常在画幅背面）。

这里提到"心木",是笔者为了方便读者,另选用的一个名词,书中工布查布用的是"嶟木",但是这个"嶟"字,在所有的汉语字典中都没有找到,想着大家用也不方便。结合实际泥塑的木架使用方法,笔者将之改写为"心木"。在此讲述一下心木的选择和用法。

心木,是修建塔、幢必用之物,造像则可用可不用。但如果像很大则用心木最好。造像、塔用的心木要选无毒、无刺又坚硬的木材,例如:梅、檀、柏等。如需购买,须以重金或重礼求之,不可强求。得到木材,要阴干。放置时不可颠倒,需根在下、梢在上,按照造像的大小裁割木料。圣像脐以下的心木要削成方的,脐以上的木要圆且略细,形成塔状。最下面作成半截五股杵形(通常是画出杵形即可),然后用红粉色涂上。在心木上写字,一般使用彩粉,最好用金,最次为墨。

心木的使用方法:心木最上端1指的长度深入宝髻内。脖子下,要安固定手的心木,这个木要圆形。脐以下8指处,安置固定脚的心木,要方形。足心木以下,留出4指为密藏处。因为圣像与心木等量,都应是125指(雕塑多5指),所以依此安木则不会差。

又五根种子字:

1. 双眼上安两个相同的种子字

2. 两耳上安两个相同的种子字

3. 鼻子中间安

4. 舌根和口处安

以上眼、耳、鼻、舌、口五根种子字，加上脐间的字合为六根种子字，都要写在圣像起泥稿时的素底子上，然后用颜色涂盖。如果是平面的画像装藏也如此。如果是已经完成的像没有装藏，也可以将六根种子字写在像的背面。

五方藏：

种子字安装完后，还要安装"五方之藏"，即在五处安放梵文陀罗尼。在居中装藏的位置，

1. 顶上种子字下面安《楞严总持》

2. 颈喉种子字下可旁边安《音声字母》

3. 在心窝种子下或旁边安《一切智陀罗尼》

4. 在脐孔的两个种子字上下或周围安《金刚寿命心咒》

5. 在密处种子字下安《巩固善住咒》

四方藏：

1. 在像前安置《佛顶尊胜咒》

2. 在像后安置《秘密箧印咒》

3. 在像左安置《菩提道场庄严咒》

4. 在像右安置《无垢光明咒》

又：

在安放"四方藏"每个咒后面及"五方藏"咒语的位置上，还要全部安放"十二因缘咒"。像下安"财神天地轮"、座内安"护法善神咒"及"吉祥颂偈"。

安装以上的"咒"，可以用全文，也可以用小咒，也可以用心咒，或本尊心咒。"种子字""舍利"一个就可以。但咒可以重复书写，遍数不限。写多少遍，按圣像腔内容量大小而定。如果像极小或实心（如印度白铜佛像），也可以变通，不必装藏。

常用装藏的几种梵文咒及轮如下：

1. 楞严心咒

2. 护法大黑天神咒

3. 护法功德天女咒

4. 十二因缘咒

5. 尊胜佛母总持心咒

6. 佛顶无垢心咒

7. 菩提场庄严心中心咒

8. 一切智咒

9. 金刚寿命咒

ཨོཾ་བཛྲ་ཨཱ་ཡུ་ཥེ་སྭཱ་ཧཱ། 命咒 金刚寿

10. 巩固善住咒

ཨོཾ་སུ་པྲ་ཏི་ཥྛ་བཛྲ་ཡེ་སྭཱ་ཧཱ། 善坚住革

天轮、地轮：

11. 地轮

12. 天轮

　　天轮、地轮的安置也有两种。一种是字头向内。如果天、地轮合用，则天轮在上、地轮在下，按"天尊地卑"之道。二种是字头向外。如果天、地轮合用，则天轮下、地轮上，表"地天泰卦"之义。两种可以随意用。

　　装藏用的"咒"，可以用梵字，也可以用汉字，但都要横着写。梵文、藏文从左向右写，汉文从右向左写，一个咒要在一行中完成，切不可中途间断，折回再写。写字的颜料用椒汁调配，可以防虫蛀食。

　　如果此外还要安装整夹的经卷也可以。大乘的经、律、论三藏可以安于心窝上。小乘的经、律、论三藏要安于心窝下。同时整卷的经要竖着放，不可颠倒。

　　装藏用的经咒书写或印好之后，要卷紧，用植物胶（不可能动物胶，现在则可以用化学胶）封口，注意不可颠倒。封好后，再用黄绢裹住，东西和做事的人始终要洁净，最好能持"八关斋"，包括在书写装藏经咒和装藏的日子里，或当时忌荤酒、生气等一切不祥之事。发喜悦善心，口诵《十二因缘咒》或念佛号。

　　《十二因缘咒》是使用率非常高的咒语，在造像的装藏、西藏模制的"擦擦"中都常常使用这一咒，凡作一切善事，皆可持诵此咒，获无量功德。前面已给出梵文的"十二因缘咒"，下面给出汉文的因缘咒：

诸法从缘起，如来说是因。

彼法因缘尽，是大沙门说。

以上是五大陀罗尼、五处种子、五方藏等的装藏仪轨。

之后，将以下五类香料细磨成末，调和在一起，晒干后，以一小部分涂在天、地轮之间。再用多一些香沫将一切空间填上，使其坚固不生虫子：

1. 五宝：金、银、珍珠、珊瑚、青金石
2. 五甘露：蜂蜜、石蜜（冰糖）、乳、酪、酥油
3. 五药：菖蒲、仙人掌、苦参、乌贼、藤梨干
4. 五谷：稻、大麦、小麦、绿豆、白芝麻
5. 五香：白檀、沉香、肉豆蔻、龙脑香、郁金香（也叫香红花）

安像法：

新像造好、装藏毕，就要"安像"。所谓安像，就是请灵光安住于圣像之内，这样圣像才具有神力。依据一定的仪轨安像，就是"安像法"。

"安像法"与前"徙灵法"大致相同。首先，仪式要由高僧大德主持，祝辞也大致相同，但要注意将祝辞中的"重茸"改为"创造""敢举改容事"改为"今瑞像已成""徙灵光"改为"安住像"即可。第二天，按徙灵日的做法行事。奏乐时，坛主亲自捧着重茸之像到收灵的镜前，去掉蒙着镜子的布帐，对着像照，同时口诵"惹、吽、婆母、诃"咒，观想其灵从镜中跃出，进入新像之中。这时，坛主观想：法身已入像身。这时诵"安像咒"：

唵萨哩，瓦怛他，伽怛麻你沙怛第巴嗃入噂，剌入噂，喇达哩，麻达睹恒哩，鞞娑诃。

一边诵咒，一边往像上撒花和稻米。

再念"招住凝"四字真言：

惹，吽，婆母，诃

念毕，再诵圣像开光真言：

唵捗克，刍捗克，刍萨满怛捗克，刍尾刷达尼娑，贺

再诵"请永住"咒：

唵苏巴啦，底思，荼跋阇啰，耶娑，贺

之后诵赞，按照常例做即可。

当日，对待造像工人为上宾，并必以厚资重谢。因为如果要使所造之像得到神灵欢喜永住其中，有两个条件：一是造像量度合法，二是造像工匠师傅欢喜。以上简略讲述了装藏仪轨。

（九）造像福

此章说明依照量度和仪轨建造佛像的福德。小乘、大乘，或者说显教、密教中关于造像功德的内容很多，分散于不同的经典中，在此只引唐于阗国译师提云般若译《佛说大乘造像功德经》（收于《大正藏》第十六册0694号），以劝诸位发净信善心而造佛像。

佛说，凡是曾经作过佛像者，都可以在过去世得到解脱。如北方毗沙门的儿子那履沙娑，就因造过一尊菩萨像，所以后来成为王。又因为见过我，如今得生天道，得以永离恶道。又如优楼频螺迦叶、伽耶伽叶、那提迦叶都在过去修过佛堂，因此，永得解脱。又，憍梵波提，以前是牛，因为右绕精舍吃食竹草而见尊容，发欢喜心，而得解脱；尸毗罗，曾持宝盖供养佛像；阿菟楼驮一支燃灯供养佛像；输鞞那，曾扫过佛堂；阿婆摩那在佛像前燃灯施明；难陀爱护尊敬佛像以香水洗沐。所有的阿罗汉都在佛像前供养过，哪

怕只像那伽波罗那样，在像座前用黄色画一佛像也可因此供养而永离苦难得以解脱。若有人在佛法未尽时，造佛像，那么弥勒出世时，就可得解脱。若不只求离苦，而要求得无上菩提而造佛像，那么，借助佛之三十二相，可以让其人快速成佛。佛曾在回答弥勒菩萨的提问时说：如果有善男信女，常做如下观想：如来威得自在、具足十力、四无畏、十八不共法、大慈大悲、一切智智、三十二种大人相、八十种随形好、一一毛孔有无限奇光异彩、百千亿殊胜福德庄严成就、无量智慧、无量三昧、无量法忍、无量陀罗尼、无量神通等一切无量功德，此人依此信念相好而造佛像，则功德无量。如果有人用金银珠宝、锦织螺贝庄严佛像，或因其力有限只造小像，用香檀木雕刻佛像，此人虽不出生死轮回，但可永离贫穷之家，不生于小国劣种，而生富贵人家。在其生处，常见诸佛，供养承事得以为王，且能有无限自在快乐，或可作天王。常作丈夫不为女身，且形容端正美好，无有缺患。如果一个人还处于生死流转中，就要发心造像，此人功德更大。在人中可得天道六根，在天中则可超越众王。所生之处，清净无伤。如果一个人有恶因，本当受到恶报。但如果他能发心造像，所有恶报不受。即使重恶，也可因造像而削减。一般来说，人的业报有三种：一为现受（此身造业此身受），二为生受（此世造业来世受），三为后受（此世造业几世受）。如果一个人发心造像，只有现业有少许现报，其余都不受报了。甚至有人曾做下最深重的五种恶业，如杀父母、杀罗汉等，本当下地狱，但如果能发心造像，诚心忏悔，即使下了地狱也可立即离开且可具有神力。又如果有人诽谤佛法、又把非法当法，但能发心造像，则只会受轻微的现报，虽然不能脱离生死轮回，但可以不堕恶道。如果有人偷盗佛塔及僧物，本来其罪甚重。但如能发心造像而作忏悔，便可免除诸苦永得安乐。

总之，造像忏悔可以不受恶报、不受女身、得到解脱、迅速成佛。

造像的一切仪轨和量度，皆可依此之量，如果有未录之量度，可以依据感应，随类推度变化。总之，一切诸像虽异，但都是如来之示现，不必存疑，也不必执著。

以上为《佛说造像量度经》的"经解"和"续补"。

附：汉藏佛教造像常见样式及常见组合

（一）释迦牟尼佛

1. 作为主尊供奉时，释迦牟尼佛有三种典型姿态：

（1）成道相。这是佛觉悟成道那一刻的样子。即结跏趺坐，左手施定印、右手施触地印。以手触地，是召唤地母作证佛成正觉的样式（图87）。

（2）说法相。这是最常见的一种相：即结跏趺坐，左手施定印、右手向上竖起，拇指与食指合捻呈说法相（图88）。

（3）旃檀佛像样式。此相必须是立姿，左手下垂施与愿印、右手屈臂上伸施无畏印。

释迦牟尼佛为显教主尊，只结手印，不持任何标识（图89）。但在呈"授记相"时，左手要握衣角。

2. 常见组合：

（1）一佛二弟子：释迦牟尼佛居中，左右为阿难和大迦叶。少者为阿难、

图87　佛成道相

图88　西藏江孜白居寺第一层佛说法壁画

老者为迦叶。在敦煌莫高窟常见此佛三尊像。

（2）佛与弟子、菩萨等组合。释迦牟尼佛除了与二弟子组合外，以敦煌为例，在唐代又发展出更多的形象组合一起。即通常在两弟子旁还会有两菩萨、两力士或者再加两天王。但基本单位仍是一佛二弟子。

3. 出现在佛传造像中的典型图像

（1）入胎。在犍陀罗艺术中，佛入母胎时，化现为一头小象出现在睡卧的摩耶夫人上方。但在中国所有的入胎图像中，都是表现太子"乘"像入胎。这是非常有趣的差异。事实上，佛经中说的也是佛"化现"为象形入母胎，但是中国的工匠，创造了这个"骑乘"着小象入胎的特殊图像。

（2）降生。佛是从母亲的右肋下出生，通常表现一个小儿在佛母举起的右臂下，然后九龙浴太子（图90）。

图89　旃檀佛像样式

图90　大英博物馆藏九龙浴太子图

（3）一手指天一手指地相。佛降生之时,向四个方向走了七步,步步生莲。然后一手指天、另一手指地说道:这是我最后一次受母胎而生,从此我当作佛。这个造像就是一个两手分别指着天地的童子像。

（4）成道。成道相,如前所说。但是在浮雕或绘画中往往表现的内容更加丰富,会将干扰佛成道的各类妖魔表现出来,所以往往在表现为"成道相"的佛周围,会有各种怪兽模样的"魔"手拿各种武器打击佛。有的画面还会在佛脚下表现魔王派他的三个女儿诱惑佛,被佛拒绝后变成三个丑陋的老太婆的情节。

（5）涅槃。涅槃图像不仅必须出现在佛传当中,也会单独进行表现,说明涅槃礼拜曾经非常盛行,在许多寺庙或石窟中都有表现佛的涅槃相。涅槃相非常典型,通常是佛右侧卧,周围有举哀的弟子（图91）。

图91　日本13世纪绘佛涅槃图

（二）阿弥陀佛

在显教中，阿弥陀佛的样式并不特别，单独判断有些困难，往往要通过组合，即通过他身边的菩萨才能判断。但在密教中则比较好辨识。

1. 西方三圣。净土信仰出现以后，以西方净土之主阿弥陀佛与两位上首菩萨：观音和大势至，就组成了流行的"西方三圣"样式。由于观音一手持莲花，或一手持净瓶，所以比较容易辨识，从而可以推测另一边的菩萨是大势至，中心主尊就是阿弥陀佛，有时，也可以通过佛所结"上品上生印"而判断。如果是在《西方净土变》中，就更加容易辨认，通常画面中心的佛三尊就是此三圣（图92）。

2. 接引佛。通过累世修行，或都后来简便的，只要临终称颂佛号，亡者死后愿生西方净土者，阿弥陀佛便会下来迎接。这时，佛通常一手捧莲台，一手下伸作接引状。更多的时候是三圣同时出来接引，这时，佛在后面，观音、大势至手捧莲台接引亡者的灵魂（图93）。

3. 密教样式。密教中的阿弥陀佛通常位于五佛之西方，这是非常容易判断的。但即使失去五佛的组合，也可以清楚地认出此佛。从颜色上看，此佛身相为红色，如果是金铜佛也无妨，可能通过佛的生灵座：孔雀来判断。尤其是藏传佛教中供奉的阿弥陀佛分为两种独立的神：无量光和无量寿，而以无量寿佛信仰最为流行。此佛的样式就是呈报身相（菩萨相，有种种饰物和头冠），并且在腹前结定印的手上，通常会托着长寿宝瓶。

（三）药师佛

1. 主尊式。做为主尊供奉的药师佛，典型形象是左手持钵，钵内盛甘露，右手持药酒。在唐、五代流行的药师佛通常的形象是立姿，一手持锡杖、一手持钵。

2. 药师三尊。药师佛居中，左右是日光菩萨和月光菩萨。另外还会配制十二神将。十二神将又与十二生肖或时辰对应，所以中国的十二生肖会出现在神将的头上（图94—图98）。

图92　西夏遗址黑水城出西方三圣接引唐卡

图93　西夏黑水城遗址出接引佛唐卡

图94　莫高窟322窟初唐绘药师佛三尊

图95　四川大足石窟五代药师佛三尊及十二神将

图96　药师净土变相龛中的十二神将局部

图97　河北正定隆兴寺壁画·药师佛胁侍月光菩萨

图98　河北正定隆兴寺壁画·药师佛胁侍日光菩萨

（四）毗卢佛

密教出现后，显教主尊释迦牟尼变现为秘密法身毗卢佛。意思是"光明普照佛"。

1. 毗卢佛，以特别的手印为标识，即双手结"最上菩提印"，结跏趺坐。

2. 华严三圣。《华严经》信仰中表现的以毗卢佛为主尊，左右以文殊、普贤为胁侍，组成著名的华严三圣。而辨识文殊、普贤的方法也非常简单。文殊通常会骑乘狮子，而普贤则骑象。

（五）观音菩萨

观音菩萨是中国佛教诸神中，流行度最高的一个神。尤其净土信仰流行之后，阿弥陀佛和观音菩萨几乎成佛教的代名词。因此观音虽然为菩萨位，但他不仅作为佛的胁侍，还常常作为主尊受到供奉。

1. 单尊样式

（1）杨柳观音。一手持杨枝，一手持净瓶（图99）。

（2）水月观音。这种样式的观音自晚唐出现，五代、宋广为流行。表现样式为：观音为舒相坐，身后有一个大的圆光，下面是碧波。坐着的观音手托净瓶（图100）。

（3）十一面观音。十一面观音通常也表现为八臂。

（4）十一面千手眼观音。

（5）四臂观音。四臂观音是代表"唵、玛、尼、嘛、咪、吽"六字真言的神，在西藏非常流行，在雪域几乎随处可见这样式的观音。四臂观音两主臂当胸合掌，另两臂：右手持念珠、左手持莲花。

2. 组合样式

（1）观音居中，左右为龙女和善财。龙女为少女相，善财为童子相（也少有表现为老者相）。这种组合在汉地明清观音造像中非常流行（图101）。

（2）怙主三尊。这是藏传佛教常常供奉的以观音为主尊的三尊像。中间的主尊观音，可以变换各种身形，比如流行千手眼观音时，就以千手眼观音

图99　敦煌藏经洞出杨柳观音　　　　图100　敦煌藏经洞出水月观音

为主尊。如果流行四臂观音，就以四臂观音为主尊，然后在观音左右，配置金刚手和文殊，并且这两尊神比例明显要小许多。所以整个造像看起来像一个由三尊神组成的三角形（图102）。

（六）文殊菩萨

在汉传佛教中文殊的形象以骑狮为标识，并常常与骑象的普贤相对出现。藏传佛教中，文殊的形象以右手挥剑、左手握经箧为标识。不过有的时候，剑和经箧不会直接拿在手上，而双手结说法印并捻花茎，花头分别在左右肩的位置，在花蕊上放置剑和经箧这两个标识（图103）。

（七）普贤菩萨

汉传佛教中的普贤形象以骑象为标识。并常常与骑狮的文殊同时出现

图101　山东省博物馆藏明代观音善财龙女三尊像

图102　西藏流行的怙主三尊组合

（图104）。不同于文殊菩萨的是，在藏传佛教中，几乎没有单独的普贤崇拜。他往往只是出现八大菩萨供养中，其形象一般也是善相菩萨形，但有时，这个形象则变成怒相金刚手。

（八）地藏菩萨

地藏信仰从唐代开始流行，五代、宋发展出许多图像样式。

1. 僧相。光头、结跏趺坐，右手持锡杖、左手持如意宝珠，也有立像。两边侍立一比丘和一长者，为传说中的闵公父子（图105、图106）。

2. 披帽相。披帽地藏是五代时期非常流行的一种地藏样式，即头上披有搭在肩上的圆帽，手上持物与僧相地藏同（图107）。

3. 地藏三尊像。在敦煌出土的大量绢画中，有一种非常流行的组合：地藏（包括僧相和披帽相）与善、恶二童子的组合。这种图像通常是为救度亡

图103　有经箧和宝剑标识的文殊像

图104　敦煌出骑象普贤菩萨

图105　敦煌出僧相地藏菩萨

图106　首都博物馆藏明代地藏菩萨三尊

图107　大英博物馆藏敦煌出披帽地藏菩萨

图108　法国吉美博物馆藏敦煌出披帽地藏
　　　　与善恶二童子

者所绘，与之组合的还会有"地狱十王"。因此，善、恶二童子都是手持卷簿，上面记录一个人的善行与恶行，以便死后依此进行评判（图108）。

由于汉译量度经典较晚，以上两章基本以藏传佛教的造像内容为主。因此，从第三章开始，笔者将以汉地寺庙造像的仪轨和内容为主。

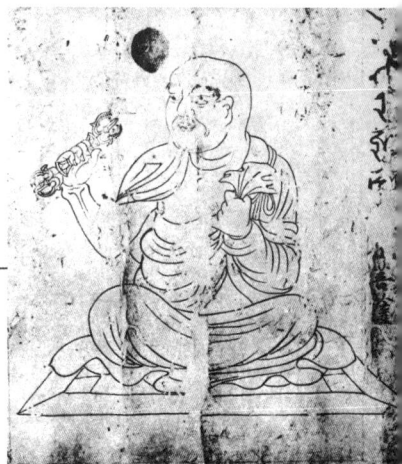

第三章　比丘六物

在汉地佛教艺术中，除了佛、菩萨、罗汉等的造型外，常常会出现一些比丘的形象。虽然比丘的绘制没有严格的量度，但也不能随意而为，因为这涉及比丘的衣、物的表现，如果对此一无所知，便会出现不伦不类的笑话。此章即是以经藏收录的宋元丰三年（1080年）元照整理的《佛制比丘六物图》为依据，解述与佛教造像有关的内容。

"比丘六物"是比丘随身所用的三衣和三物，是不可或缺的生活资具，也是佛当年允许和规定僧人可以私蓄之物。六物实际上就是指僧人的"衣钵"，而衣钵是出家人的标志，有"护三衣如自皮、钵如眼目"之说。所以了解出家人必需的"衣""物"是佛教造像不能马虎的事情。

一、三衣

三衣指印度佛教僧团所准许僧侣个人拥有的三种衣服，表面呈"条堤之相"，仿佛田亩而养嘉苗，譬喻此衣可生功德。

1. 三衣之名。一是僧伽梨，即大衣，为上街托钵时或奉召入宫时所穿。由九至二十五条布片缝制而成，又称"九条衣"（图109）；二是郁多罗僧，

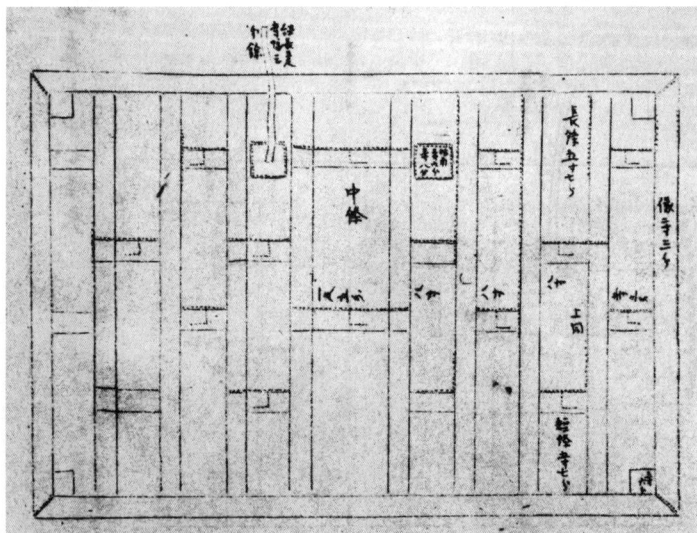

图109 九条衣图

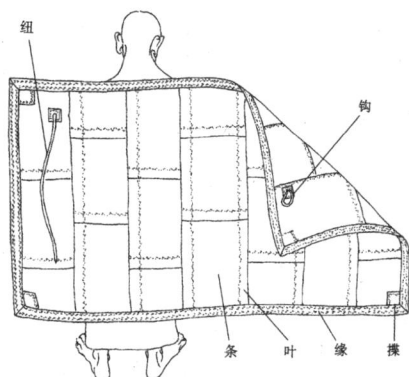

图110　七条衣样式。自费泳著作图像复制

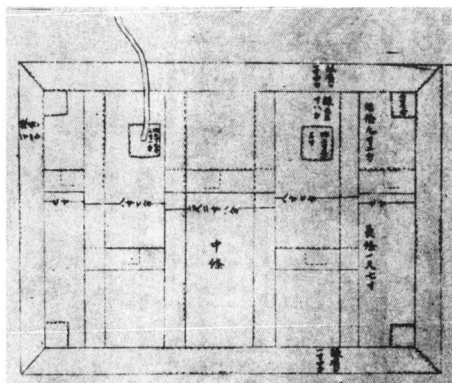

图111　五条衣图

即入众衣，为参加礼拜、听法时所穿。此衣由七条布片缝制而成，故又称"七条衣"（图110）；三是安陀会，即内衣，为日常工作或就寝时所穿的贴身衣，由五条布片缝成，又称"五条衣"（图111）。比丘尼除此三衣外，另加两衣：一僧祇支，即覆肩衣，穿在三衣里面，裹覆左肩和两腋；二厥修罗，即下裙，覆于腰以下。此两衣与三衣相加，比丘尼共有五衣。

2. 三衣色相。三衣颜色不可以用世俗的五正色，即青、黄、赤、白、黑，也不可以用五间色，即由以上两正色相调出来的另一颜色，如绯、红、紫、绿、碧。以上十色不可以用，用则非法。可以用的是"坏色"，或称"不正色"和"杂色"，就是用三种色相调而成的颜色。杂坏色有三种：茜（橙红色）、泥（棕、黄色）、木兰（暗红色或紫红）。这种杂坏色梵文称"袈裟色"，所以用这种颜色面料做成的衣服便称为"袈裟"（Kaṣāya）。

僧服的色彩时有微变，如清代，僧众为鼠灰色，住持为褐色，法会时则着绯红色法服。现代社会，僧人服色以鼠灰色、橙黄色为最常见。

3. 衣量。即衣服大小。衣服穿在身人，不能过长或过短。从肩向下，下摆到脚踝以上4指。

4. 三衣条数及组成。袈裟是由布条缝制而成，故有此项。安陀会，也就是内衣，为"五条衣"，"一条"由一长一短两块布组成。郁多罗僧，也就是入众衣，为"七条衣"，"一条"由两长一短三块布组成。僧伽梨，也就是大衣。

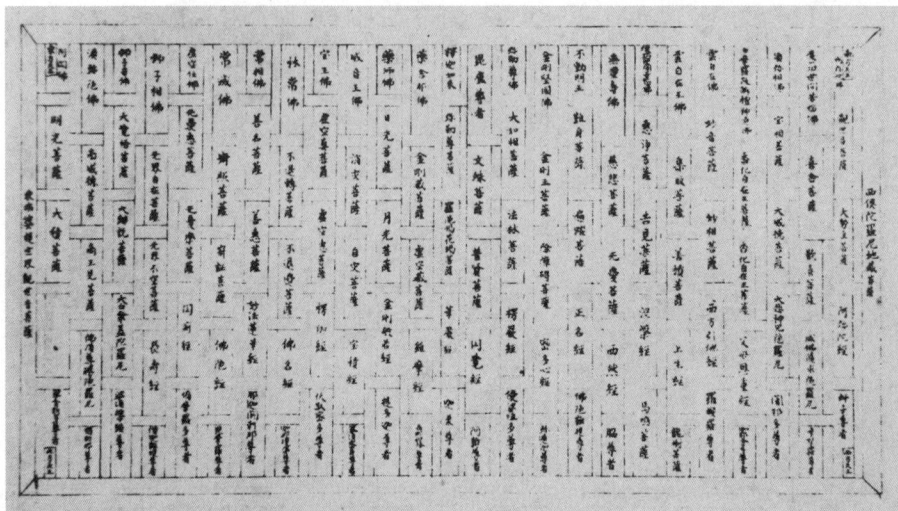

图112 最尊贵的二十五条大衣

大衣相当出门穿的正装和礼服，所以又分为三品，每品又分三种，合为九种。

大衣上品：一条由四长一短五块布组成。上品三种分为二十一条、二十三条、二十五条（图112）。

大衣中品：一条由三长一短四块布组成。中品三种分为十五条、十七条、十九条。

大衣下品：一条由两长一短三块组成。下品三种分为九条、十一条、十三条。

布长中的长条象征圣、短条象征凡，三品九衣中，以上品中的二十五条衣为极致，因为二十五条衣中的长条最多，故最为神圣。因为大衣神圣，故穿着大衣时，不可以搬运石木土草，不可以从事扫地等劳作（所以如果绘制僧人穿着大衣劳动则不合法）。

5.僧衣穿法。大衣、七衣有三种穿法（安陀会为内衣，不在此法中）：

（1）搭衣。大衣由左肩披至右肋下，将环挂于钩上，固定于左腋下，披挂要整齐，此称为"搭衣"。钩钮在左臂腋下的衣角处，别处不可。

（2）通肩相。坐禅时，可将大衣覆搭双肩，便称为"通肩"相。

（3）袒右相。礼拜时，必须露出右肩，称为"偏袒右肩"相。

以上三种穿法，需要注意的是，无论"通肩"还是"袒右"，衣服都不可垂搭肘部，此为非法（图113、图114）。

三衣是圣贤标志，当法衣不穿时，不可随手乱搭乱放，应放于衣囊装盛。绘制这类图像时，也不可出现将法衣随处搭放的非法之相（图115）。

另外补充一下，我们常常看到有绘画作品表现僧人缝衲，意思是以破旧坏布缝缀而成"百衲衣"，以喻"禅机"，其实不然。按道宣《释门章服仪》第五《裁制应法篇》（收入《大正藏》第四十五册1894号）所述：

他（道宣）曾见过梵僧缝那些"条"，问梵僧依据什么？梵僧说大家都这么做。但当道宣查阅律典后发现，律中并没有说"缝"那些"条叶"。把衣服裁成条状，使其得见叶状，目的在表达"割

图113　莫高窟第322窟阿难袈裟的样式

图114　莫高窟第205窟大迦叶袈裟的样式

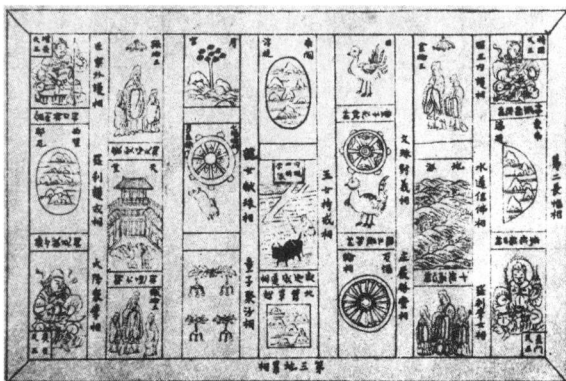

图115　有图案的七条衣图

相"。现在却都把这些缝合并着缝起来，也就没有"相"了。所以如果衣服上的条叶脱落，即使缝补，也不过粗枝大叶（马齿鸟足状）。如果反复地破损，那就让它耷拉着。这样雨天行走，水入叶中，就可顺叶而下，何苦去缝它！

二、三物

三物，为僧人随身可携带之物。包括：

1. 钵。食具，为僧尼常持道具。常言："钵盂无底"，所谓"无底"就是指整个食器不能有棱边，以象征佛法无边。所以钵的样式是底部圆顺，口边圆滑无边、棱。钵质为泥或铁，分别称土钵（陶）和铁钵，佛陀用石钵。钵的颜色为竹烟熏制的黑红色。钵的大小分为三种：大钵盛一斗、小钵盛五升、中钵在二者之间。注意的是：钵不可为木制，用则非法，造像时切记。但据笔者的观察，在现代寺庙中，僧人的食具也发生了变化，钵已不多见（图116）。

2. 尼师坛。为梵文音译，指僧人坐卧具，是一种为防御地上植物、虫类伤身，并避免三衣及寝具直接放置在地上污损的长方形布，汉语的意思是随座衣。尼师坛为一种长方形的布，也称是布坐，布座的大小：长24指（两个面长）、宽18指（1个半面长）。如果用此具者身材高大，布座长宽可加6指。总之，坐在尼师坛上，以膝不出布为准，不出则不增。颜色与三衣色相同，新旧布俱可（图117）。

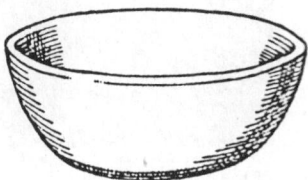

图116　僧钵

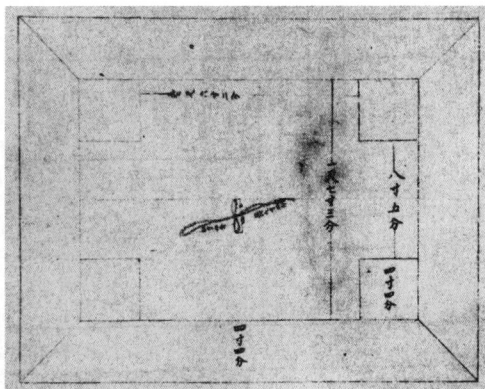

图117　尼师坛图

尼师坛是僧人主要座具，除此之外，还另有一种称"草座"，为导师所坐之具。"草座"，理论上要以吉祥草制成，这一作法来自佛成道时，敷吉祥草的典故。但此处所说草座则是一种模拟，这是因为后世并非真的用草，而是以布制成"草座"垂丝的形状，法会时，在佛像前为长老所用座具。以现在尺寸来看大小为：长40厘米、宽20厘米，两片相连为褥座。收起时则折叠，两端下垂乱线，拟草之势。但事实上在现代寺庙中，这种"草座"已十分罕见，甚至一些年轻僧人已不知晓（此内容参见［日］伊势贞丈著《贞丈杂记》卷五《僧纲式》）。

通常画佛、菩萨一定要有莲花座，密教的怒相神多为生灵座，而僧人则坐尼师坛（图118）。

图118　坐在尼师坛上的龙猛像

3. 滤水囊。此法具为一布囊，用于滤去饮水中的小虫，即有护生之意，又可保护僧人健康。滤水囊用两个手长的最细绢制成，囊如勺形，为个人所用。如果公用，则用绢五尺，钉在两个木柱上，中间横杖撑开，下面以盆接水。滤水囊是佛教戒律中十分重要的法具，是古代僧人、寺庙中必备之具。当然，在现代寺庙中，饮水方式已经改变，如果表现当代僧人的生活，则可不必出现这一法具。但在古代必有（图119）。

图119　僧人六物之滤水器

由于时代和环境的变化，到元代中国禅宗发展出"十五物"（元修《百丈清规》卷五"办道具"）。它们是：三衣、坐具、偏衫、裙、直裰、钵、锡杖、主杖、拂子、数珠、净瓶、滤水囊、戒刀。

但是按佛经记载，大乘游方的僧人，有"十八物"必带（《梵网经》卷十）：三衣、瓶、钵、坐具、锡杖、香炉、滤水囊、手巾、刀子、火燧、镊子、绳床、经、律、佛像、菩萨像。

这些僧物，是古代僧人出门大多要携带之物，所以如果在表现古代僧人图像时，可依此表现。当然，如果绘制现代僧人，则不必拘泥，因为有许多器物现在僧人早已不用，如：火燧（打火石）、绳床（坐具，或称"马扎"）、瓶、钵等。

第四章　戒坛形制

戒，是宗教团体区别于世俗社区的重要标志，人类社会创造的所有宗教，都以"戒"（或"戒律"）为最主要的圣典内容和最重要的信教人行为准则。"受戒"是使一个世俗人，变成一个教徒的重要仪式。因此，"戒"的执行是否符合仪轨，则意味着受戒后的僧人是否合"法"。受戒的仪式要在一定的场合实行，这便是"戒坛"，因此，戒坛的形制和在造像中的表现要合法，否则便失去宗教意义。

　　戒坛，用以举行传戒仪式及说戒之坛场。原始的坛十分朴素，不过就是在戒场中特制出稍高于平地的土坛，传戒仪式在土坛上举行。因此，戒坛周围无须建构屋舍，在空地标界即可。如果有风雨，可以在堂内传戒，所以古来堂内传戒与露天结界传戒并行。古印度最初只在露天作法，并不另设戒坛。戒坛的始建，据《释氏要览》记载，是印度楼至菩萨向佛请示，筑坛为比丘受戒，得到佛的许可，于祇园精舍外院东南建坛，开始了于坛上传戒的传统。

　　戒坛的形制，据义净在《大唐西域求法高僧传》卷上描述的印度那烂陀寺戒坛：方大尺一丈余。换算成现在的尺寸就是：于平地四周高筑砖墙，高约2尺，然后于围墙内建座基高约5寸。

　　佛教传入中国，并无传戒仪式，也没有戒坛。据史料记载，当时在中国度人出家，只为其剃发披服缦条（无条相袈裟）。曹魏嘉平二年（公元250年）时，昙摩柯迦罗到洛阳，译出《僧祇戒心》，开始建坛。晋、宋之后，南方开始广建戒坛，且将坛与寺合体。如宋智严于上定林寺中立坛、慧观于石梁寺中立坛。据文献记，唐初时，自重庆至江淮之间，已有戒坛300余所了。特别是唐乾封二年（公元667年），道宣于长安净业寺建戒坛，并规定形制，之后依道宣之制，建坛之风，盛行全国。并且许多戒坛都是由皇家出资供给所需，这种保护、发展的结果就是形成了中国特有的"戒坛院"。

　　戒坛院是一组佛教建筑群，由于与寺结合，从而使戒坛院在规模、布局上，除了具体的殿名、院名和内外布置细节上与寺院有些区别外，大部分几乎是相同的。中国寺院的营造法则，一般是坐北朝南，主体建筑在南北中线上，附属建筑则分布在东西两侧。东部为生活区，包括食堂、仓库。西部多为旅馆区，为接待四海宾客的各种院。这种大的布局格式，在戒坛发展为戒坛院的时候，也被采用。同时，由于戒坛建于寺内，成为中国寺院建筑的一个组成部分，从而，戒坛院与寺院（建有戒坛）在道理上是一致的。了解戒坛的形制是了解中国寺院结构的知识点之一，所以本章在此后附有中国寺院布局的介绍，以供读者参考。

本章介绍依据是《大正藏》第四十五册1892号经文，由唐代道宣法师撰写的《关中创立戒坛图经》（一卷）。

为什么以一个中国僧人所撰写的经文为依据呢？它是否符合佛教仪则呢？下面我们介绍一下道宣这个人。

道宣（596—667）是隋到初唐重要的佛教大师，他的重要性在于他是中国"戒律"史上重要的思想家，正是他为中国佛教僧团创立了诸多有益的教规。他10岁出家，20岁受具足戒，21岁从当时的律学大师智首学律，这为他一生的研究奠定了方向。30岁以后开始著书立说。这期间，他对各种传自印度的律典，主要是对《四分律》做了大量详尽的注疏，逐渐形成一家之言，在当时风靡整个佛教界，自此，中国的寺院僧团执行的戒律，基本据其著述。公元667年，他在终南山创立戒坛，同年撰写了著名的《关中创立戒坛图经》一卷（以下简称《图经》）。《图经》分为十一个内容，涉及戒坛制作的内容有：戒坛元结教兴、戒坛形重相状、戒坛高下广狭。下面笔者依据以上三个内容辑录介绍。

一、结坛结界

戒坛不是孤立的佛教建筑，而是以戒坛为主的一系列建筑群。由众多的院、池、楼、塔组成，但这级建筑群是在一定的"界"内修建的，即所谓的"大界"。界，是指僧众生活的区域，以区别于世俗的社区。界的范围大小不等。小的不过一伽蓝之地，大的则可十里、百里方圆。结坛、结界的顺序是：先结坛后结界。坛、界的具体内容包括：戒坛种类、戒坛方位、戒坛形制以及大界内各院、塔、池等的总体布置（图120）。

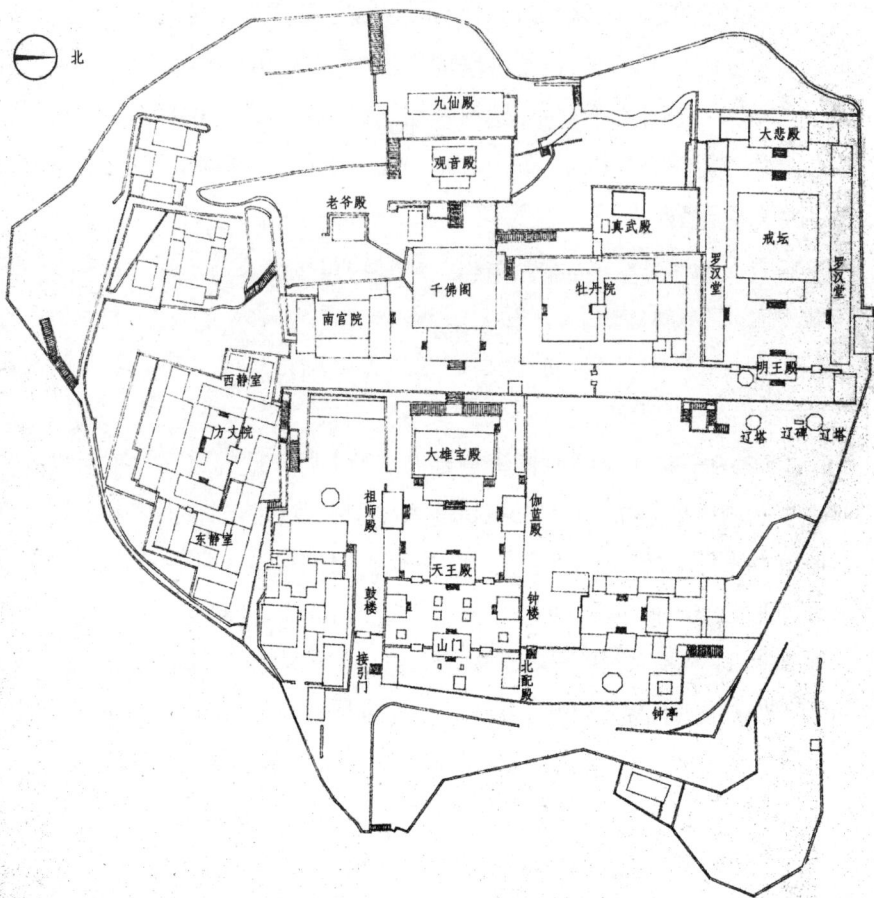

图120 北京戒台寺平面布局

二、戒坛

戒坛的种类有二：一是佛为比丘结戒坛；二是佛为比丘尼结戒坛。比丘戒坛在东、比丘尼戒坛在西。

（一）戒坛的形制

戒坛有三层台，从下向上：第一层高三尺、第二层高四尺五寸、最上层高四尺。于台上再加覆钵形，以覆舍利。在覆钵形上又置宝珠，意味供养舍利。

图121　北京戒台寺戒台殿

图122　北京戒台寺内的戒台

以三层台加覆钵和宝珠共计五层。但在覆钵与宝珠之间有装饰，珠下以宝莲花相承，又以九龙在下承花。龙下设金柱、柱下安狮子。如果没有宝珠供养舍利，也可以变通用木或石做两个明灯立于坛前供养，灯要高齐最上层（图121、图122）。

　　坛上铺石为地。下面一、二层以石砌累，也可以砌成须弥山形。下面两层有石钩栏，栏柱下间置狮子神王。两层四角各立石柱高于坛上，柱外四角又置四天王像。各层四角栏上以石雕金翅鸟衔龙。

（二）坛体，主要指下面两层

　　两层坛体的结构分为四角大神像、阶道分布及神像、龛窟神像、通道广狭。最下即第一层四角大神为四方大将，即：东北角之散脂大将、东南角之跋阇罗波尼大将、西南角之婆里旱大将、西北角之金毗罗大将。第二层四角大神为四大天王：东南角为增长天王、西南角为广目天王、东北角为持国天王、西北角为多闻天王。

　　每层四角大将之外，又立阶道神像。

　　自下向上，第一层立五个阶道。南面两个阶道为东阶和西阶。东阶左右为日光曜、坚固光曜二神。西阶左右为净云音、须弥华二神。东面有一阶道，左右为阿修罗、胜光明二神。西面立一阶道，左右为狮子王、树音声二神。北面立一阶道，左右为珠髻华光、淳厚光藏二神。以上第一层共计五个阶道、十尊神像。

第二层立七个阶道。南面两个阶道为东阶和西阶，东阶左右为伏波僧伽、僧伽二神。西阶左右为旆陀那、偿起罗二神。东面两个阶道为南阶和北阶。南阶左右为地珂、修涅多罗二神。北阶左右为分那柯、迦毗罗二神。西面两个阶道为南阶和北阶。南阶左右为诃利枳舍、诃利二神。北阶左右为冰伽罗、波罗赴二神。北面一个阶道，左右各配两个水神：东侧是郁庚伽波罗和别他那二神；西侧是陀罗那和阿罗难陀二神。二层计七个阶道、十六尊神。

以上诸神皆是夜叉，形色为青黑、眼赤如血、钩牙上出、头发直竖、口中出火。

坛体四面龛内均有神像。

第二层四面龛内为七星神，即二十八星宿。他们是：

东方七星神：基粟氏柯、虏喜尼、糜梨伽尸罗、阿陀罗、不捺那婆修、弗沙、阿沙离沙。

南方七星神：诃可、雨颇、求尼、诃莎多、质多罗、莎氏、毗释珂。

西方七星神：阿兔罗、折沙地、牟蓝、弗婆莎他、郁多罗莎他、阿毗止、沙罗波那。

北方七星神：陀尔他、舍多毗沙、弗婆跋陀罗、郁多罗跋陀罗、离婆罗、阿虽尼、婆罗尼。

下面第一层，神祇极多，可依《灌顶经》而列，此不赘述。

第一层有四个通道，第二层有三个通道。一层的通道宽四尺，二层的通道宽三尺。上面以盖覆之，以防风雨。一层方约二丈九尺八寸，二层方约二丈三尺。最上层坛（第三层），四角各有一个狮子，狮背有孔。行法事时，上安帐竿。帐的装饰，量力而为。上坛方约七尺左右。

坛四周布列十二金刚、力士像，为常护坛塔。坛外四周一丈内，种四时花药，再向外植树八行。

三、大界内各院、塔、池等的总体布置

（一）东、西门

东有东门，东门之左有七院。七院是：大梵天王院、维那知事院、大龙王院、居士清信长者院、文殊师利院、僧库院、僧戒坛。

西有西门，西门之右有六院。六院是：三果学人四谛院、学人十二因缘院、他方三乘八圣道院、四天下我见俗人院、外道欲出家院、凡夫禅师一切人院。

（二）中门左右

中门左有十三院：他方菩萨人菩萨院、他方比丘菩萨院、尼请教戒院、教诫比丘尼院、他方诸佛院、诸仙院、律师院、戒坛院、诸论师院、修多罗院、佛经行院、佛洗衣院、佛衣服院。

中门右有十三院：缘觉四谛院、缘觉十二因缘院、菩萨四谛院、菩萨十二因缘院、无学人问法院、学人问法院、佛香库院、无常院、圣人病院、佛示病院、四天王献佛食院、浴室院、流厕院。

（三）院北

院北有三个后门，其间有六院：四韦陀院、天下不同文院、大卜阴阳书院、天下医方院、僧净人院、天下童子院。

（四）院东

院东过大路有十二处亭、池、院。它们是：果园、井亭、莲池、果子库、饮食库、净厨、油面库、仓库等。

（五）院西

院西有六院：无常院、圣人病院、佛示病院、四天王献佛食院、浴室院、流厕院。

（六）中门内

中门内有坛、塔、楼等十九处：前佛殿、七重塔（在此塔之左右各立一经幡）、佛说法大殿、三重塔、三重阁、三重楼、佛为比丘尼结戒坛、经台、五重楼、方花池、五重楼、西佛楼、三重楼、佛为比丘结戒坛、钟台、五重楼、九金镬、五重楼、东佛库。

其他布置如图所示。

附：中国寺院布局及造像的相应位置

佛寺一定要有装饰，一是为了庄严佛土，二是为了让人起信仰之念。据唐义净译《根本说一切有部毗奈耶杂事》第十七卷载：

> （给孤独长者，认为佛寺）若不彩画便不端严，佛若许者我欲庄饰，即往白佛。佛言：随意当画。闻佛听已，集诸彩色并唤画工，报言此是彩色可画寺中。答曰从何作、欲画何物？报言我亦未知，当往问佛。佛言：长者，于门两颊应作执杖药叉，次傍一面作大神通变，又于一面画作五趣生死之轮，檐下画本生事。佛殿门傍画持鬘药叉，于讲堂处画老宿苾刍，宣扬法要。于食堂处画持饼药叉，于库门傍画执宝药叉，安水堂处画龙，持水瓶着妙璎珞。浴室火堂依《天使经》法式画之，并画少多地狱变。于瞻病堂画如来像，躬自看病。大小行处（厕所）画作死尸，形容可畏。若于房内（僧舍），应画白骨骷髅（便于进行"骷髅"观想）。是时长者从佛闻已，礼足而去，依教画饰。

按佛典所记，比照现在寺庙的装饰，大多并不相同。但是有两个重要的特征保持下来了：一是寺门两侧的执杖药叉。只是现在大家对守门药叉这个名词已不太熟悉，我们现在的叫法是"执金刚神"。唐宋时，这两尊寺庙守护神大多表现在寺庙或石窟寺大门的两边，作奋张怒相，手中高举粗壮的金刚杵。明清以后，这两个执杖夜叉则从执金刚神演变成了所谓的"哼哈"二将。

但是说到底，无论是执金刚神，还是哼哈二将，其原型和出身都是印度流行的守护神药叉。另外在讲堂处，佛说要画高僧讲法，但现在这个位置大多是大雄宝殿中说法的如来像。

另外，对于这些庄严佛画，要保持恭敬心。不能在佛像前燃火以熏黑画像，也不可以在佛像近前洗浴以免弄湿圣像。如在这段经文下面又提到：

> 即并画已，时有不作意苾刍，随处燃火烟熏损画。苾刍白佛。佛言：我听苾刍作燃火堂，若有须者于此燃火，非于余处作者得越法罪。时有病人要须燃火，于房檐下不敢辄燃。佛言：可寺外或寺中庭燃，待烟尽方持火入缘处。同前苾刍于檐下洗浴湿损壁画。佛言：不应尔，可于寺内近一角，头面向佛像而为澡浴，或可别作洗浴之室。

寺庙的装饰，在中国已大大变样，寺庙结构也不同于印度。因中国所谓的寺庙，与印度僧团得到寺舍的渠道相似，也多是供养者舍宅为寺，故中国寺庙形制与传统建筑相同，即多是以中轴线为主体，布置整个寺庙个体建筑，并保持着坐北朝南的方向。寺庙主体建筑坐落在南北中轴线上，中轴线的东西两侧为相对次要的配殿和生活区。

寺院中的重要建筑是殿堂。殿与堂的区别是：供奉佛、菩萨像，以为信众礼拜祈祷之所为殿，僧众说法行道之地为堂。具体殿、堂之名称，要依据所供本尊和用途而定。

下面按照南北中轴线主殿、东西配殿、生活区这个顺序分别介绍其中建筑名称及内容。

（一）中轴线主体建筑

中国自宋代以来，佛教殿堂的配置基本定形。一般可以称之为"寺"的佛教建筑群包括：前殿、正殿（俗称"大雄宝殿"或大殿）、法堂、藏（发音zang"奘"）经阁。这四个主要建筑位于南北中轴线上，是一个"寺"的主体部分（图123、图124）。

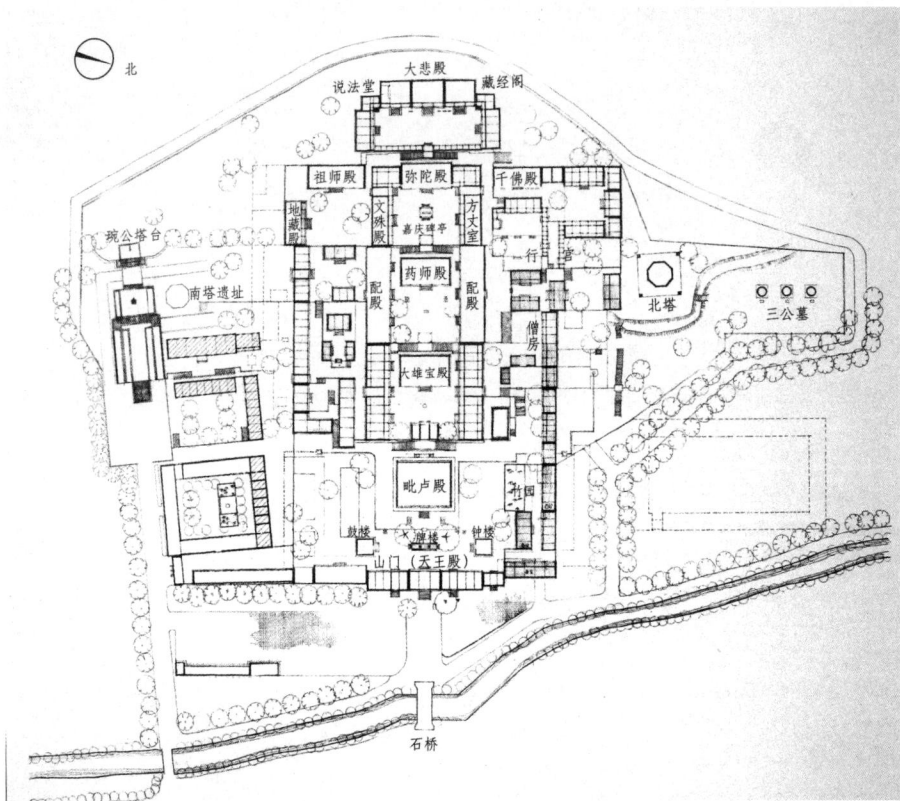

图123　云居寺总平面布局示意图

佛教造像量度与仪轨

北

观音殿

文殊殿

大悲坛

毗卢阁

含利塔

帝后宫

戒坛

方丈院

三圣殿

财神殿

明王殿

愣严坛

南楼

大雄宝殿

延清园

伽蓝殿

祖师殿

天王殿

山门

大厨房

牌楼

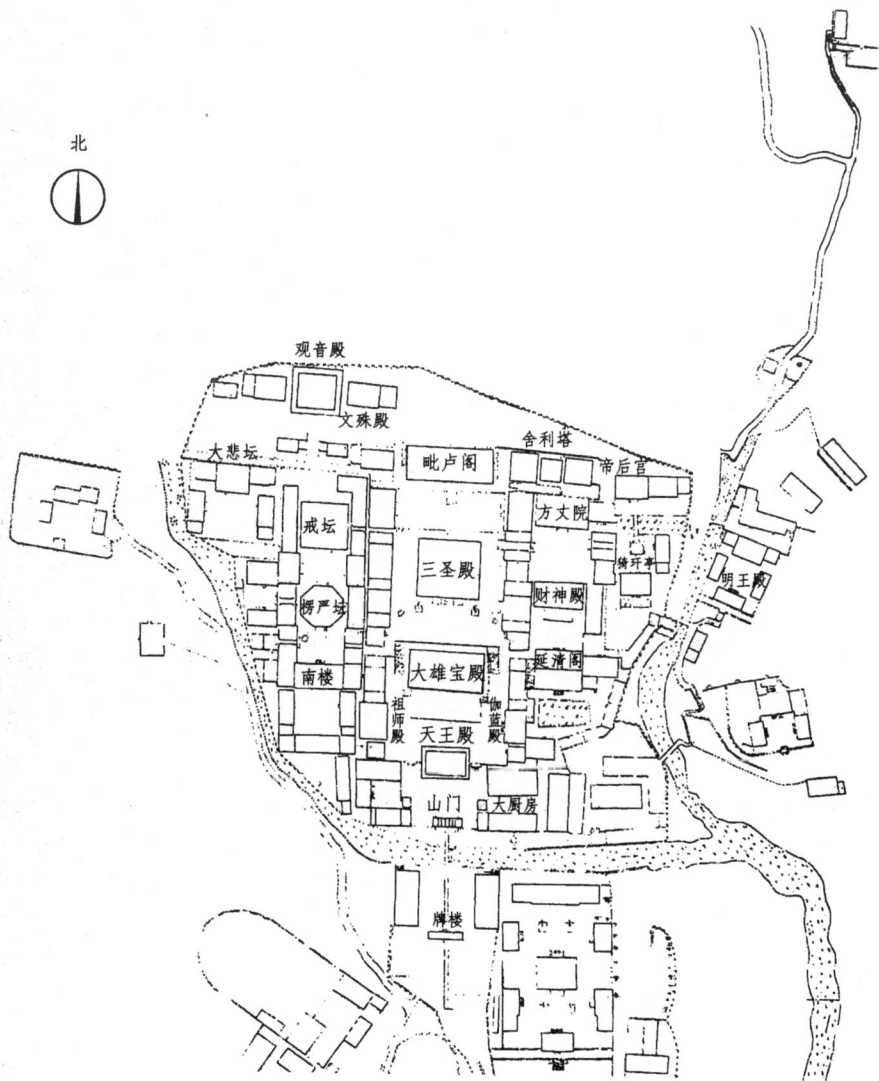

图124 潭柘寺总平面布局示意图

1. 前殿

前殿包括山门殿、东钟楼、西鼓楼、天王殿。

山门就是佛寺的大门，山门一般有三个，三门常建成殿堂式，或至少中间的一座建成殿堂，称"三门殿"或"山门殿"。殿内塑两身金刚力士，明代以前，两位金刚基本没有什么大的区别。明代之后，由于小说《封神演义》的出现，这两尊门神就被俗称为"哼""哈"二将了，样式上也有区别，主要就是一个闭嘴为"哼"，一个张口为"哈"（图125）。

东钟、西鼓二楼内置大钟、大鼓，以应合"晨钟暮鼓"。

往里走，就是天王殿。天王殿内供六尊神像：正面是本尊弥勒佛。按理应是弥勒菩萨、戴天冠。五代以来，出现了中国创造的"大肚弥勒"，所以现在这个位置就是这个哈哈大笑的中国式弥勒佛（图126）。弥勒面对着山门，即笑迎香客。他的背后是护法神韦陀天（图127）。两神中间有隔板。两侧供四大天王。四大天王原属印度十六善神之列，其中最知名的是毗沙门天，又

图125　天津蓟县独乐寺山门内辽代执金刚神，即晚期的哼哈二将

图126　自宋代以后汉地寺庙流行供奉的大肚弥勒

图127　四天王殿中间弥勒像后面的护法神韦陀天

称多闻天，守护北方。北方天王毗沙门与持国、增长、广目合称四天王。四天王的形象古今不同，可以依据其造型可以大致断代。

据唐阿地瞿多译《陀罗尼集经》卷十一《四天王像法》（收录于《大正藏》第十八册0901号）记载：四天王均着种种天衣，严饰精妙。

东方天王提头赖吒（持国天王），左手伸臂把刀、右手屈臂仰手持宝，宝上放光。

西方天王毗卢博叉（广目天王），左手伸臂把刀、右手把赤索。

北方天王毗沙门（多闻天王），左手伸臂把刀、右手屈肘擎塔。

南方天王毗卢陀迦（增长天王），左手伸臂把刀、右手执矟（长矛）、矟根着地。

通过阿地瞿多的译经，可以知道自唐以来，四天王手中持物的标识就是宝、索、塔、矛。除了持物之外，天王脚下还会出现小鬼。

5世纪佛陀耶舍和竺佛念共译的《长阿含经》第十二《大会经》（收录于《大正藏》第一册0001号）说到四天王各领一鬼。

东方持国天领：乾达婆

南方增长天领：诸龙王

图128　天王与夜叉鬼

西方广目天领：鸠槃荼

北方多闻天领：诸夜叉

因此，在表现时，各天王脚下各踏小鬼以示威武。这种样式的最好例子是北京居庸关元代的云台雕塑。在拱内四天王两两相对，双腿一屈一展，伸展的脚下踏（脚侧跪）一小鬼（图128）。

进一步的变化是：元代东方持国天王手上拿起了琵琶。明代北方多闻天王手中的塔变成了雨伞。清代西方广目天王的索变成蛇，南方增长天王手中的矛变成剑，至此，形成我们今天常常在寺庙中看到四王的"风（剑）、调（琵琶）、雨（伞）、顺（蛇）"样式（图129、图130）。

图129　云南当代寺庙中四天王之风、调

图130　云南当代寺庙中四大天王之雨、顺

戒坛形制

2. 正殿（俗称"大雄宝殿"）

天王殿往里走就是大家最熟悉的大雄宝殿，大雄是佛号之一，也即正殿。

正殿内供养的是寺院的主尊。主尊佛会因为佛教宗派不同而不同，因此其中供奉的有：释迦牟尼佛、阿弥陀佛、药师佛、弥勒佛、燃灯佛、毗卢遮那佛、卢舍那佛、五方佛、过去七佛等。关于释迦牟尼、阿弥陀佛、药师佛的特征，在前面已经说过，此不重赘。只说明一下"三佛同殿""五方佛""过去七佛"的相关内容。

（1）三佛同殿

三佛，有三世佛与三身佛之分，在大雄宝殿常常供奉三佛。三世佛：中央为现在佛释迦牟尼佛、左侧为过去佛燃灯佛、右侧为未来佛弥勒佛。三身佛：中央为法身佛毗卢遮那佛、左为报身佛卢舍那佛、右为应身佛释迦牟尼佛。另有三方佛：中央释迦牟尼佛、西方阿弥陀佛、东方药师佛。

（2）五方佛，属于密教系统。中央为法身佛毗卢舍那（或称：大日如来），左手第一是南方宝生佛、第二是东方阿閦佛，右手第一是西方阿弥陀佛、第二是北方不空成就佛。

（3）过去七佛，指释迦牟尼佛及其出世前所出现的六佛共计七位，这七尊佛皆已入灭，故称过去七佛。他们是：过去庄严劫末的毗婆尸佛（Vipāsyi）、尸弃佛（Şikhī）、毗舍浮佛（Viśvabhu）三佛，现在贤劫初的拘留孙佛（Krakucchanda）、俱那含牟尼佛（Kanakamuni）、迦叶佛（Kāyşāpa）、释迦牟尼佛（Şakyamuni）四佛。

（4）在大雄宝殿主尊以外，胁侍的群像分为三类：一是主尊两侧加二胁侍，如释迦牟尼佛两侧配老迦叶和少阿难。二是主尊两侧配菩萨。三是主尊两侧配菩萨加天王、力士（前文已述）。这种结构如果是三尊，就是佛加二弟子，或二菩萨；如果是五尊，就是一佛二弟子二菩萨；如果是七尊，就是一佛二弟子二菩萨二天王；如果是九尊，就是再加上两尊力士。

（5）殿两侧多供奉十八罗汉，也有塑二十诸天的，或者两者兼而有之。

二十诸天在佛的左右分布如下：

左	佛	右
功德天		辩才天
梵天王		帝释天
北方天		东方天
南方天		西方天
日天		月天
密迹金刚		自在天
散脂大将		韦陀天
地天		菩提树天
鬼子母天		摩利支天
水天		阎摩罗天

寺庙供奉二十诸天的传统，源自南宋行霆编撰的《重编二十诸天传》，自从这部重编问世以后，寺院就开始流行这种造像供养。明清时，又流行在二十诸天基础上加入四尊，组成二十四尊天。

在佛坛背后常塑一堂"海岛观音"，或仅供一菩萨像，一般多为观音或文殊。

3. 法堂

大雄宝殿之后为法堂。法堂是演说佛法、皈戒、集会之处，是仅次于正殿的建筑。除安置佛像外，首先要安置法座，就是一个上置座椅的高台，即高僧讲法之座，法座前置讲台，台上供佛小坐像。下设香案，两侧列置听法席。法座后面，有象征释迦牟尼说法传道的图像。法堂中设左钟右鼓，有的法堂设二鼓。居东北角的称法鼓、居西北角的称茶鼓。

4. 藏经阁

中轴线上最后面一个主体建筑就是藏经阁，是专门用于收藏经典的殿堂。分上下两层设像。上层供法、报、化三身佛，并设万佛之像。左右放置《大藏经》。堂后设观音大士像。下层设毗卢遮那佛，旁列十八罗汉和二十诸天。

以上，为中轴线上主体建筑的分布及造像内容。

（二）东西配殿

配殿，是寺庙的附属建筑，虽然不是主体建筑，但是汉地寺庙必不可少的组成部分。配殿分布在中轴线的左右，东配殿一般是伽蓝殿，西配殿一般是祖师殿。另外还有一些其他供佛、菩萨的配殿。

1. 东配殿

一般是伽蓝殿。所谓伽蓝是梵文的音译，原意指众僧房舍。但在中国发展为一种供奉神灵的殿堂。一般在伽蓝殿正中供波斯匿王，王的左边是祇陀太子，右边是给孤独长者。同时，殿内两侧供十八伽蓝神。中国传统的神灵关公，通常也作为伽蓝神，另供一小龛内。

2. 西配殿

西配殿一般是祖师殿，这里的祖师指的是禅宗系统的大师。正中供奉达摩祖师、左侧供六祖慧能、右侧供百丈禅师。

3. 其他配殿

除东西配殿外，还有一些供佛、菩萨的配殿。一般会有：药师殿、观音殿、地藏殿、三大士殿、罗汉堂。下面分别介绍：

（1）药师殿：内供药师佛，左右为日、月光菩萨，旁列药师十二神将。通常在十二神将头上有十二生肖图像。

（2）观音殿：内供观音大士，左右为善财童子和龙女。观音与善财、龙女的组合在宋代出现，明清时为最为流行的样式，似乎只要观音一出、必有此二伴神。通常善财为童子相、龙女为少女相。但也有将此二伴神表现为成年甚至老者的，如四川地区南宋的善财多是一个有长须的老者。观音殿两壁表现观音三十二应身。

（3）地藏殿：地藏殿也常常出现在东西殿中。内中供地藏菩萨。左右胁侍为闵氏父子，陪塑常有十殿阎王。这种地藏与十王的组合，自五代以后非常流行，明清以后成为固定模式。

（4）三大士殿：中为观音，左右为文殊、普贤。

（5）罗汉堂：堂形为"田"字，或"卍"字，内塑五百罗汉（图131、

图131　汉地寺庙的罗汉堂

图132　罗汉堂内供奉五百罗汉

图132）。

　　（6）戒坛：在这个区域戒坛是一个独立建筑。在坛前一般另立山门殿，内供释迦十大弟子之一优婆离，故又称"优婆离殿"。优婆离奉持戒律丝毫无犯，称"持律第一"，故在戒坛的山门殿内供奉此师。

4. 东西"生活区"和"旅馆区"

（1）东侧。东侧是生活区，设有僧房、茶堂、厨房、食堂、库房。

（2）西侧。西侧是旅馆区，设有禅堂，以容四海之来者，这里设备通常非常简朴。

5. 方丈室

方丈，在印度原指寺院僧房，谓其长、宽皆丈许。又据《法苑珠林》卷二十九所载，印度维摩居士的禅室，方广有十笏，号方丈之室。但佛教传入中国以后，尤其唐代以后，方丈用来专指禅寺住持，其居室称方丈室。后来，道观建筑也采用了这个名称和建筑部分。方丈室一般位于寺院后部，为独立建筑。

（三）寺院装饰

寺院殿堂的布置，除塑像、壁画外，还有一些比较固定的陈设。这些陈设档次，以大雄宝殿配置的最高最全，其他殿堂也多少有一些。佛殿的装饰，主要是宝盖、幢、幡、欢门。

1. 宝盖

又称华盖，是古代王者出行时，上覆的圆平伞状物衍化而来的，"佛行即行，佛住即住"。宝盖有木制、金属制也有丝制的，在艺术品中常可以见到（图133）。

2. 幢

本为一种手持的圆柱状上有顶、下垂长流苏绦子的物件，也称宝幢。佛教中作为佛、菩萨的庄严标帜。一般用丝织品或棉布制成，下附有四条垂帛。幢上通常或绣或绘佛像。一般一佛前置四个幢，或将四幢分置于宝盖四角（图134、图135）。

3. 幡

又称胜幡。为长条状饰物，幡上一般会写经文，幡的摆放位置一般是布列于佛坛四周，所谓"幡坛不相离"，幡的数量多少没有限定。其形

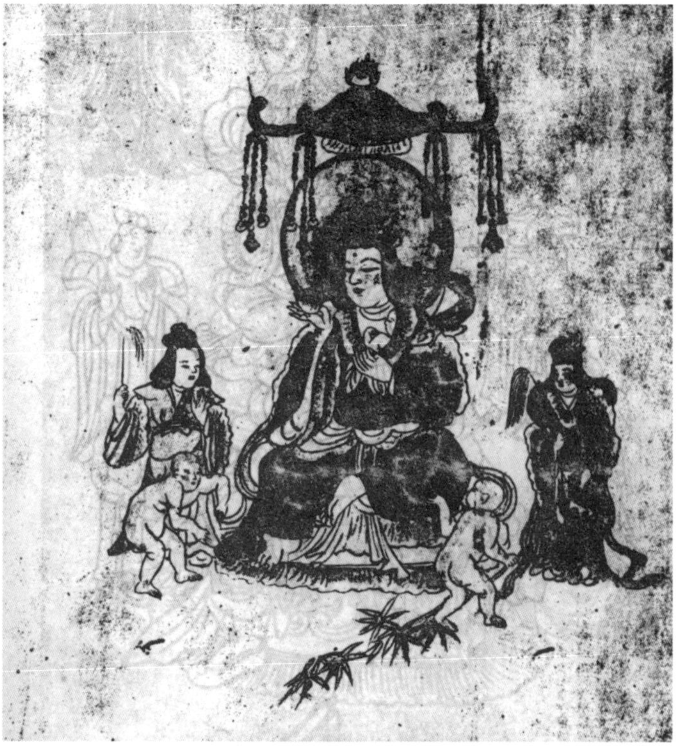

图133　坐在宝盖下的儿童保护神诃利帝

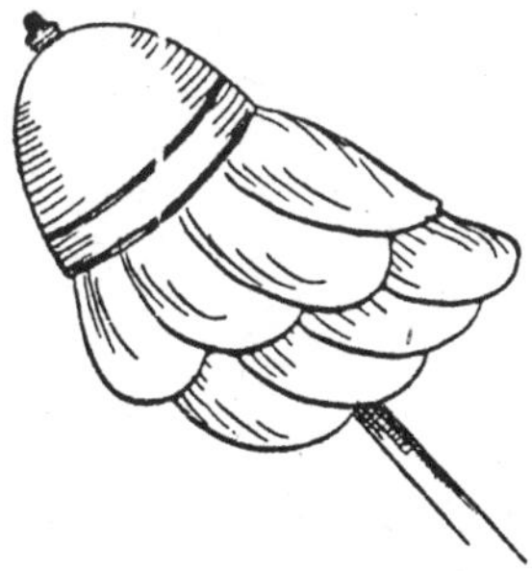

图134　幢

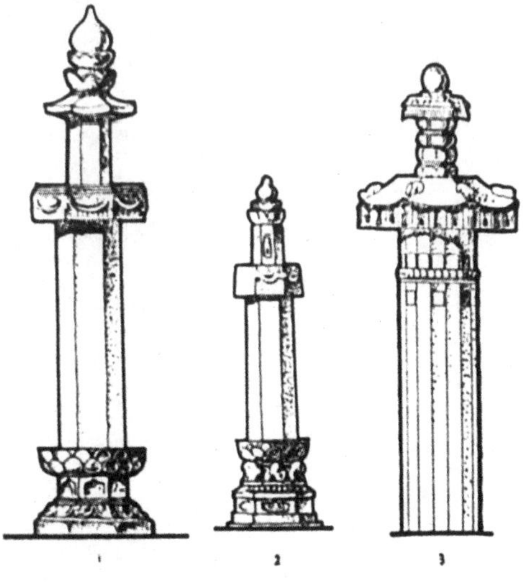

图135　唐代以来盛行的石幢，上面多雕刻尊胜陀罗尼

状，一般是由三角形的幡头、长方形的幡身、置于幡身左右的幡手，及幡身下方的幡足构成，有大有小。其色有白、赤、黄、青、浅黄等，但显教多用单色幡。密教多用杂色幡，一个幡上可以出现青黄赤白黑五色，称五色幡。其他还有九色幡、八色幡、杂色幡等。另外，在尺寸、用途上又有一些细分。如八色幡，用于灌顶道场、青幡用于请雨经法中、黄纸幡用于大元帅法坛中。又黄纸幡也用于荐亡。如果有人死亡，用命过幡、续命幡、送葬幡、施饿鬼幡等。比如在佛教、道教中引导死者升天的引路菩萨就是手持一长幡，这类幡应该属于命过幡或送葬幡。这类图像在敦煌藏经洞所出绢画中有许多表现，在内地明清的水陆道场中也可常见引路菩萨持这种长幡。另外依所挂场所不同，幡又分为堂幡、高座幡、天盖幡、庭幡等（图136）。

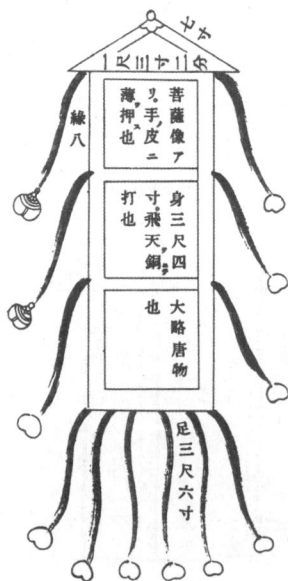

图136　庭幡

图137　云南剑川太子会上飘扬的请神幡

图138　藏区寺庙中的筒幡

总之，幡的使用在宗教活动中非常普遍，各地区也有自己常用的幡的样式。比如在现在云南剑川二月八太子节时，就在寺门前挂起长幡，以祈请过路神灵参加法会，三天的法会期间，长幡一直高挂，而在西藏则流行筒幡（图137、图138）。

4. 欢门

是悬于佛像前的大幔帐，上面常以彩丝绣成飞天、莲花、瑞兽珍禽、奇花异卉。在欢门两侧一般又置重幡，所以欢门也称幡门。欢门前常当空悬挂一盏琉璃灯以供佛，称为"长明灯"。以前多是油灯，现在以电灯代替。

5. 供器

在殿里看到香案上通常摆放着五供，摆放方法是：香炉一个，位于中间，左右对称摆放花瓶、烛台一对，以上三种五件供器称"五具足"，放在香案上（图139）。在香案的后面有一个长方形供台，安置所谓代表"六度"的六供物，即：香、花、灯、涂、水、食。六供代表六度。供台前又设一小香几，上置紫檀木香盘，为一个香炉两个香盘，分别盛檀香和沫香。在小几左右地上置一对长蜡台，高度约一人高。

图139　香案上的五具足供具

又有菊灯、鹤、龟、云板、磬、法螺、木鱼、钟、鼓、孔雀翎等摆件。（图140—图144）

图140　掐丝珐琅蜡台

图141　珐琅彩香炉

图142　金刚铃

图143　孔雀翎

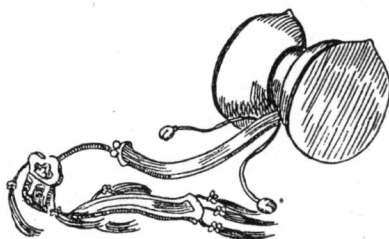

图144　藏传佛教使用的手鼓

第五章　其他量度论

宗教艺术与世俗艺术不同又有联系，中国的佛教造像来自犍陀罗和印度，而犍陀罗的佛像则是希腊美学的体现。所以了解佛教艺术的量度与仪轨，不仅要知道佛教的量度仪则，还要了解欧洲的造像量度和印度传统造像的量度，这些知识对于理解佛教造像量度的形成有着重要参考意义。

据笔者所知，最早的人体比例论出于古希腊。通过考古文献可知，古希腊第一代雕塑家公元前5世纪的波利克利托斯（Polykleitos）曾写过一部著作，叫*Canon*，可以翻译成《比例》或《韵律》。这部书应该是目前所知最早的关于造像所用的人体比例论了。在这部书中，波利克利托斯解释了他的人体美学思想，即数学的比例关系和对称。比如他提出：以造像的手指为基本单位，可以得到此像手掌的长度；以整个手的长度可以得到前臂和上臂的长度等，以此类推。这种以"指"为单位的计量方式，让我们马上想到印度的量度方式。1975年《美国考古学刊》发表了理查德·托宾（Richard Tobin）的一篇讨论波利克利托斯《比例》（*The Canon of Polykleitos*）的文章，详细讨论了其人体精确的数学比例。波利克利托斯之后，到公元前80~70年左右，罗马学者维特鲁维斯（Vitruvius）在讨论城市规划、房屋设计时，也谈到了人体的比例关系。达·芬达著名的人体比例图就是依据他的理论绘制的，芬奇本人也多次提到这位前辈。但我们只知道他的一些谈论，并没有发现相关的著作存世。

本书是以介绍佛教造像为主要内容的小册子，之所以在此加附这些看似无关的内容，原因有三：其一，佛教造像的量度与世俗艺术创作中所运用的人体比例有相通之处，也有不同；相互对照，可以理解造型艺术之通性，并可以自觉注意佛教造像与所谓纯艺术之间的区别。其二，对于今天的艺术工作者来说，可以通过对比，消除对佛教造像量度不必要的神秘感，理解这种量度也是历史的产物。同时明了，由于属于宗教圣像，佛教造像毕竟不同于世俗艺术的造型方式，不可以按艺术创作自己的规律套用表现佛教形象。这也正是虽然今天许多艺术家虽然掌握了更加准确的人体比例和解剖结构，却无法创作出古人那样令人震撼的佛教艺术品了，一些新建寺院中新创作的佛像，总是令人啼笑皆非。究其原因，不是创作者的技术问题，而是不了解佛教造像特有的量度和表现方法。最后一点，如前文对于三十二相的美学讨论，笔者谈到了希腊文化在佛像最初表现时，对于印度传统美学的挑战。而希腊、罗马、意大利的艺术表现代表了另外一种造像美学特点，在这里将它们一并呈现给读者，也是让大家有个对比，体会西方的标准人体美学和东方的异相人体美学之间差异。

一、达·芬奇的人体比例论

此处"芬奇人体比例论"，引用的是戴勉编译、人民美术出版社1979年出版的《芬奇论绘画》一书第五节"比例与解剖"的比例部分（笔者对相关文句略作调整）。"芬奇人体比例论"这个标题是笔者加注的。

人体的神圣比例表现在：

（1）人体各部分和身高成简单整数比，各部分之间也成简单整数比。

（2）人体可以形成极为对称的几何图形，如脸部可构成正方形、叉开的腿成等边三角形，而伸展四肢形成的图形更是希腊人认为最完美无缺的几何图形——圆。

人体比例：

整体的每一部分必与整体成比例。……我希望人们了解这条定律适用于一切动物与植物。

躯干各部分之比例：任何动物的每一部分和整体之间都存在着一定的比例，即矮胖的其他各部分也矮胖、瘦长的其他各部分也瘦长、大小适中的其他各部分也大小适中。我想指出不曾遭受人和风损伤的树木也有同样的情形。因为伤处长愈之后，天然的比例就被破坏了。

建筑家维特鲁维乌斯在他的建筑学著作中说，大自然把人体的尺寸安排如下：四指为一掌、四掌为一足、六掌为一腕尺、四腕尺为人身高、四腕尺合一步（这里"一步"不是正常我们理解的步子，而是指两腿能迈开的最大步长）、二十四掌合全身。他在建筑里也采用这些尺寸。

如果你叉开两腿使身高降低十四分之一，分举两手使中指指端与头顶齐，你应当晓得脐眼恰是伸展的四肢端点的外接圆的中心。而两腿当中的空间恰好构成一个等边三角形。

人平伸两臂时的宽度等于他的高度（图145）。

从发际到下颌为身高的十分之一，从下巴底到天灵盖顶部为身高的八分之一，从胸部顶端到天灵盖为身高的六分之一，从胸部顶端到发际为身高的七分之一。从乳头到头顶为身高的四分之一。两肩最大宽度为身长的四分之一、肘到中指尖为身长的五分之一、肘至肩端为身长的八分之一、全掌为身长十分之一。阴茎始于人身的正中。足为人体的七分之一、足踵至膝下为人体的四分之一、膝下到阴茎根部为人体的四分之一。

颌下到鼻子的距离以及眼眉到发际的距离等于耳朵的长度，为脸长的三分之一。

从下颌到发际为人体的十分之一。

从掌与腕连接部到中指尖端为十分之一。

从下颌到头顶为八分之一。

从脐眼到胸顶为六分之一。

从剑突到头顶为四分之一。

从下颌到鼻孔为脸的三分之一。

从鼻孔至眼眉、从眼眉至发际也一样（图146）。

足为六分之一，前臂至肘为四分之一，肩宽为四分之一。

一腕尺为人身高的四分之一，等于肩膀的最大宽度。两肩关节之间的距离为头的两倍，等于胸的上端到脐眼的距离。从脐眼到阴茎根部为一头的长度。

肩膀宽度为身高的四分之一。

从肩关节到手为三分之一，从唇缝到肩胛下为一足。

从头顶到下颏为八分之一。

从发际到下颌为发际到地的九分之一。

面部最宽处等于口至发际的距离，为身高的十二分之一。从耳顶到头顶的距离等于颌下到眼睛泪管的距离，也等于下颌头到颌角的距离，

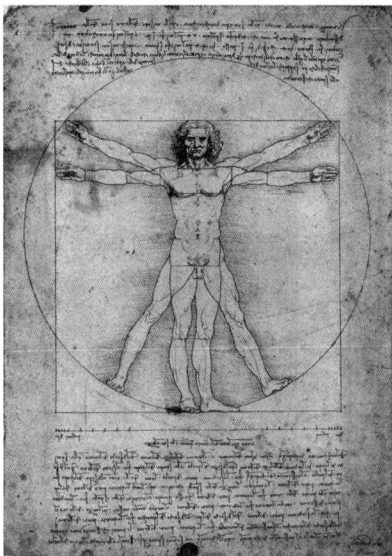

图145 芬奇依据古罗马维特鲁维斯关于人 图146 芬奇绘人物头像素描
体论所绘图，即伸展手臂等于身高

是整体的十六分之一。

一个人胸背的最大厚度乘八即得身高，这个厚度也等于下颌与头顶
的距离。

人在肩膀处最宽，以此乘四，即得身高。

颈项侧面的宽度等于颌到眼的距离，也等于下巴到颌角的距离。这
个长度的十五倍等于人的身高。

曲臂等于四个头。

从肩到肘的一段手臂在曲肱时长度增加，这增加的长度等于手的侧
影在腕处的厚度，也等于下颌到嘴缝的距离。

手的两只中指的厚度、嘴的宽度、发际到头顶的距离——我所说的
这些都相同，但不等于上述手臂的增长。

从肘到手的一段手臂不论屈伸都不增长。

曲肱的时候，从肩头到肘端等于两个头，从肘到四个指根处也等于
两个头。由四个手指的根到肘的距离任手臂如何变化也不改变。

腿在正面看时的较狭面乘以三，得股的宽。

手臂在腕关节处厚度的十二倍等于全臂之长，也就是从指尖到肩关节的距离。这个厚度乘三得手掌之长、乘九得手臂之长。

手臂侧面最小宽度之六倍即为手伸直时，手关节到肘窝的距离、十四倍得全臂长、四十二倍得身高。

臂侧面的最大厚度与臂正面的最大厚度相等。但前者位在肘关节到胸部的三分之一处，后者在肘关节到手的三分之一处。

头的af处比nf处高六分之一（图147）。

两耳垂的距离等于眼眉与下颌的间距。

在一个匀称的脸上，口的大小等于唇到下颌的间距。

下唇的弧线在鼻的底部到颌下之间的中点。

面部形成一个正方形，两个眼角之间的距离是它的宽、鼻顶到下唇底是它的高。位于这正方形上、下两边的脸部也足有同样一个正方形的高度。

耳朵恰恰和鼻子一样长。

嘴缝的侧影正指向颌角。

耳朵的长度应与鼻底到眼睑顶部的间距相等。

两只眼睛的间距等于一只眼睛的大小。

侧面看，耳朵正处在颈项中心的上方。

嘴缝与鼻底的间距为脸长的七分之一。

口与颌下的距离，为脸的四分之一，且等于口的宽度。

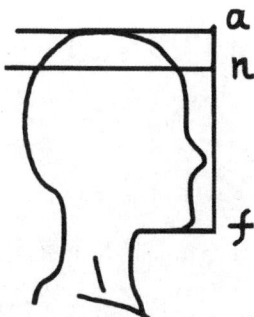

图147　芬奇人体论图之面部比例

下颌与鼻底的间隔为脸的三分之一，且等于鼻子、等于前额。

鼻梁正中到下颌的距离为脸长度的一半。

由眉毛起处的鼻梁顶端到颌下的距离，为脸面的三分之二。

从颌头到喉头的间距等于口与颌下的间距、等于脸的四分之一。

喉咙上下的间距是面部的一半、是人高的十八分之一。

由颌下到颈背和由口到发际等距，是头的四分之三。

由下巴到颌角是头长的一半，且等于颈项侧面的厚度。

颈项的厚度之一又四分之三倍，就是眉毛到颈背的间隔。

鼻子可以构成两个正方形：鼻尖和眉端之间可以容纳二分鼻孔处的宽度。从侧面看鼻翼和脸颊的交线到鼻尖的距离，等于鼻子正面两孔之间的距离。

如果你把鼻子的全长（即从鼻尖到眉端）分为相等的四份，你就会发现其中一份是从鼻翼顶头到鼻尖底下，顶上面一份由泪管到眼眉起处，而当中的两份等于眼睛从泪管到眼角的长度。

手臂下的宽度和臂部的宽度相同。

臀部的宽度等于人两腿均衡地站立时臀部上下的距离。从臀上到腋窝的距离也相同。腰部，也就是臀部上方较狭窄的部分正在腋窝与臀下正中（图148）。

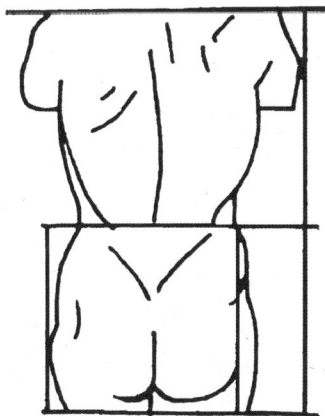

图148　芬奇人体论图之臀部的比例

脚从趾到跟的长度的二倍就是脚跟和膝盖（即腿骨和股骨连接处）的间距。

手掌从它与臂骨连接处起算的长度的四倍就是最长的手指的尖端到肩关节的距离（图149）。

脚的长度（从脚和胫部连接处算起到大足趾尖端）等于下巴和发际的距离、等于脸长的六分之五。

对于每个人，ac的长度和ab的长度都相等（图150）。

手掌不计指头，乘二倍就得不计足趾的脚掌之长。

如果你摊平手，五指并拢，你会发现它的宽度和脚的最大宽度（在脚掌与脚相接处）相等。

如果你测量内足踝到大脚趾尖端的长度，发以发现它和手掌的长度相等。

大足趾是脚侧面长度的六分之一（在这足趾所在的一面从足跟到脚的尽头）、也等于嘴到下巴底部的距离。

如果你画脚的外侧影，应在脚长的四分之三处起画小足趾。

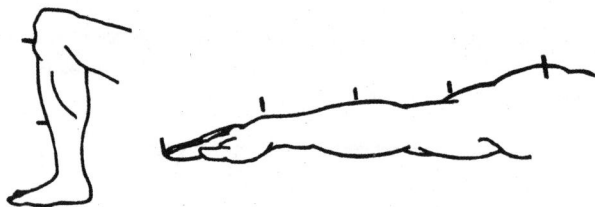

图149　芬奇人体论图之手掌与手臂的比例

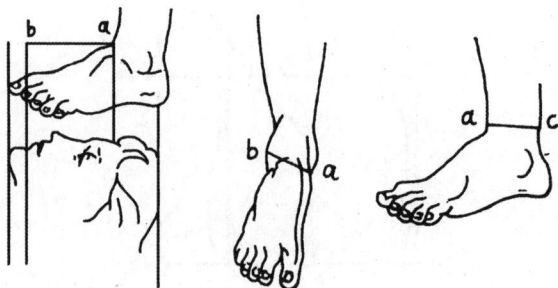

图150　芬奇人体论图之脚的比例

腿正面的最小厚度量八次就等于足跟和膝关节的距离，这厚度等于正面的手在手腕处的宽度、等于耳朵的长度、等于脸的三等分中之一。这一宽度量四次可从腕至肘。

腿侧面的最小厚度量六次就等于脚踵到膝盖的长度。这厚度等于眼角到耳孔的距离、等于手臂侧面最大的厚度、等于眼睛的泪管至发根的距离。

大腿正面的厚度等于脸部最大的宽度，也就是从下巴到头顶的距离的三分之二。

人跪下的时候，他的高度就减少了四分之一。

如果人跪地时双手交抱于胸前，则脐眼和肘尖正好同在他高度的一半处。

当人卧倒时，他的高度减至九分之一。

人的屈伸：若人屈往一边，则这一侧缩短，另一侧伸长，直到短边只等于伸长一边的一半长度。

动物肢体的构成：动物的各部分应与它的类型相适合。

我说，你不应当把修长个子的腿、手臂或别的肢体安到一个厚胸膛、粗脖子的画像上，不要把老人与小孩的肢体、筋肉丰满结实有力与纤瘦的肢体、男人与女人的肢体混淆起来。

裸体的四肢：裸体的人在作各种劳累的活动时，他身子肌肉着力的一边显出肌肉突起。别处的肌肉则随其受力大小，突出的程度或多或少。

要把身上出力的部分画得筋肉结实，不用力部分画得无肌肉而松软。

不要试图使你画像的肌肉毕露无余。因为即使肌肉位置正确无误，它们也不会显得很分明，除非它们所处的部位很用力或很紧张。不用力的部分不应当画出肌肉，否则你画成的东西与其说像人，倒不如说更像一袋核桃。

身体各部分的品质与年龄的关系：你不应当在少年身上找寻肌肉和筋腱，而应当寻找柔嫩丰满、纹路单纯和四肢的圆润。

四肢的协调：我再次提醒你们，应当竭力注意使圆形的四肢与身体的大小相适应，也与年岁相符。这就是说，年轻人的四肢只显露少数肌肉和几根血管，肌肤圆润、色泽美观。成年人的肢体应多筋多肌肉，而老年人的皮肤则布满皱纹、血管和显眼的筋脉（图151—图155）。

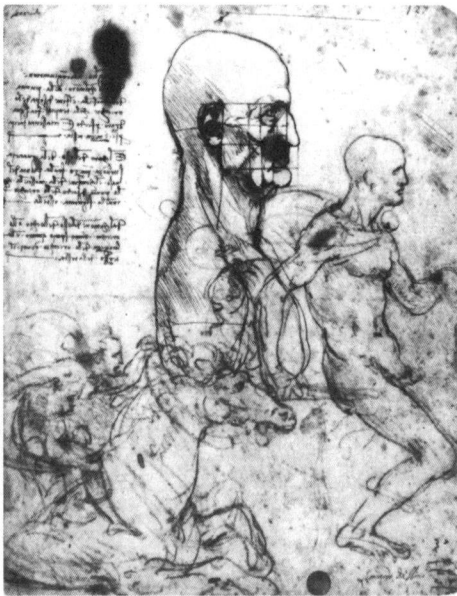

图151 芬奇绘人体动势

图152 芬奇绘人与动物的肌肉

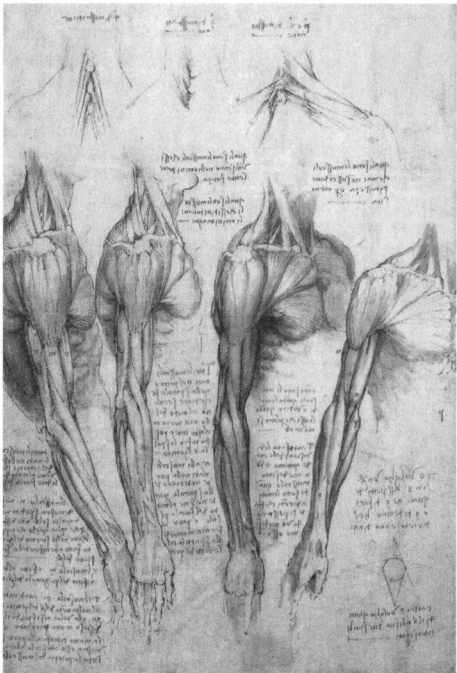

图154 芬奇绘腿部肌肉图

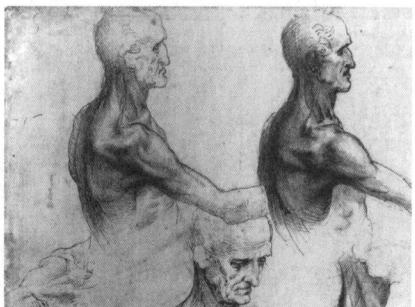

图153 芬奇绘手臂肌肉图

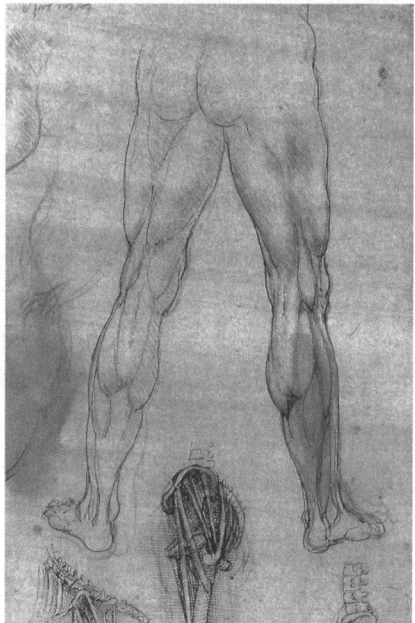

图155 芬奇绘老人肌肉图

二、印度古代文化中相关论述

印度有关造像量度理论的文献很多，且极为完备。据学者统计，在传统的《工巧论》中，就包括几百种不同的量度文献。这些文献，对量度单位和神的量度做了精确的描述。

（一）舞蹈的湿婆

舞蹈是印度文化中非常发达的一种现象，在《梨俱吠陀》中就记载了湿婆的另一名称是那塔拉加，意思是"舞王"，所以，舞蹈的湿婆是印度大神湿婆最典型的形象，代表着他的破坏与创造之法力。跳舞的湿婆有3眼、8手、头发散乱。右腿弯曲，踏在阿巴斯马拉身上，左腿高抬，脚尖高至额头。3只右手分别持三叉戟（这是湿婆的标志）、铁环和小鼓，第4只右手作无畏。2只左手分别拿着颅骨和火碗，第3只左手结"自赏"手印，第4只左手从左向右伸出去，好似大象的鼻子。身体的弧线等于10安古尔（1安古尔等于1个手指的宽度）（图156、图157）。

图156　印度神湿婆的量度与动势

图157　印度神湿婆造像

图158 印度神克利希那像

图159 印度神克利希那制服毒龙

（二）克利希那

克利希那是印度非常流行的爱神，他的故事几乎尽人皆知，他的雕像也处处可见，中国文学中哪吒的原型可能与他有关。

克利希那身高10塔拉，即120安古尔（与佛的身高相似）。2只手、黑肤色、穿红衣服、打扮华丽，头上有王冠或只有蜷曲成卷的头发。右手拿权标、左手举起，肘部弯曲，手掌朝下（图158、图159）。

（三）皇帝（转轮王）的身体尺寸

（皇帝）身体长108指、胯骨和肚子之间的宽度有2指、肩宽6指。胸为两个面宽、阴茎长6指、宽2指、大腿长18指、小腿长14指、肚脐的圆周为半指，同时画的要深向左回旋。胸上的乳头有1指高。脚长25指、膝长4指、宽3指。脸分三部分，眉、鼻和下巴，每一部分的尺寸为4安古尔。脸的宽度恰好是14安古尔，这时脸的上部和下部的宽度为12安古尔。脸的长度最好为12安古尔。头饰的高度为4安古尔、宽为6安古尔。头12安古尔宽、周长32安古尔。耳宽2安古尔、长4安古尔、耳窝宽半安古尔、长1安古尔。耳梢和眉梢在一个水平线上。眼窝和耳窝在一个水平线上，耳唇没有固定的尺寸。眉长4安古尔、宽2个大麦粒。安静的人眼眉呈月牙形，如果是跳舞、大怒和哭泣的人眉毛就弯成轭形。如果是惊恐和忧愁的人，外眉梢扬到头的最上的边缘，眼眉占据了半个额头。

　　气质伟大的人的小腿肚、大腿、生殖器、腋窝、耳朵、鼻孔、脖子、面孔和两腮都不要有毛发覆盖，只有向上、拧成涡纹的毛发装饰帝王的胸部（如同佛胸前卍字）。诸神和帝王的脸上也不要像通常男人有的胡子和绒毛，而是像16岁的青少年那样。（图160—图167）

三、西藏画师编写的量度资料

（一）15世纪西藏门塘画派的佛像量度

　　门塘画派，是西藏三大传统画派之一，15世纪的西藏画家门拉顿珠所创。由他编写的《如来佛身量明析宝论》是藏传佛教量度学中著名的文献，这部

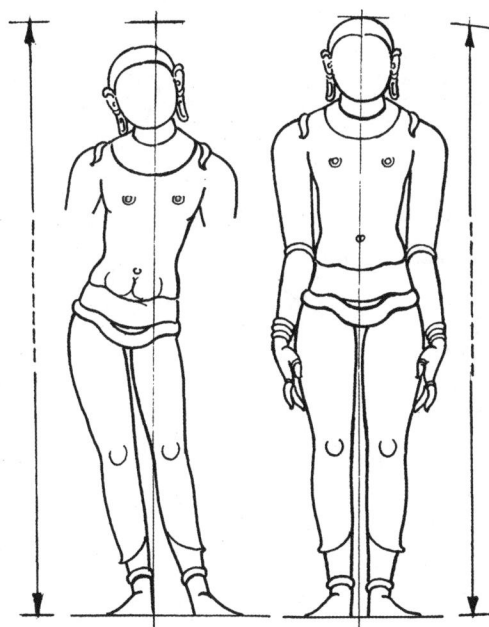

图160　印度传统绘画中人体比例

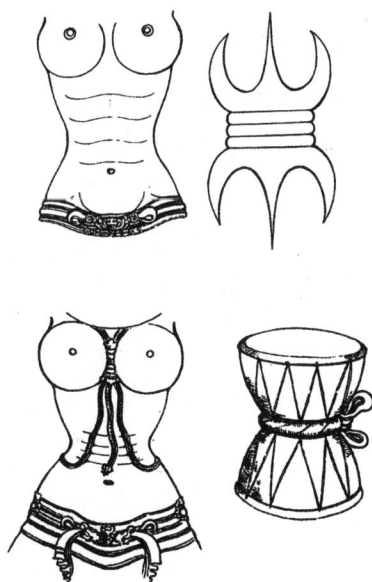

图161　印度传统绘画中女性腰身如鼓或
　　　　金刚杵

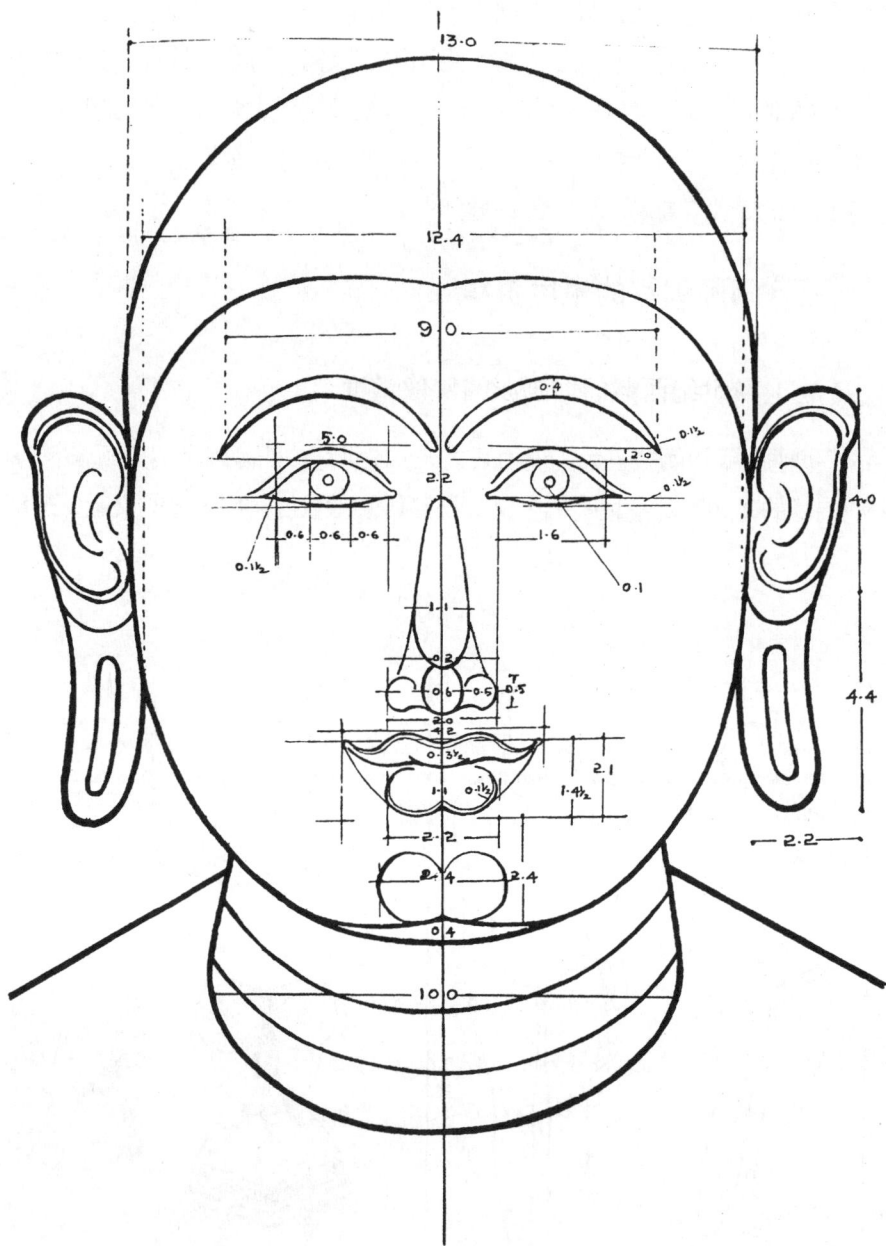

图162　印度传统绘画中人的面部量度

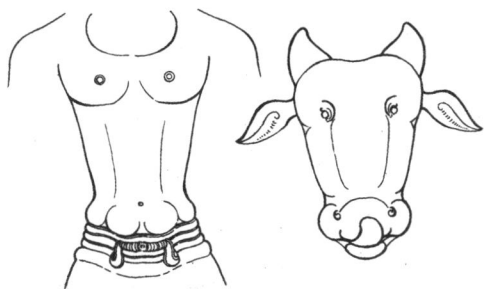

图163 再一次提到印度传统绘画中男性上身如牛头

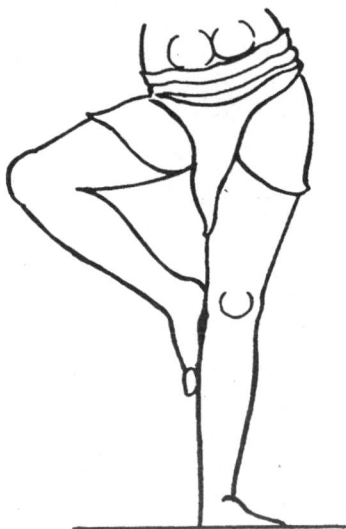

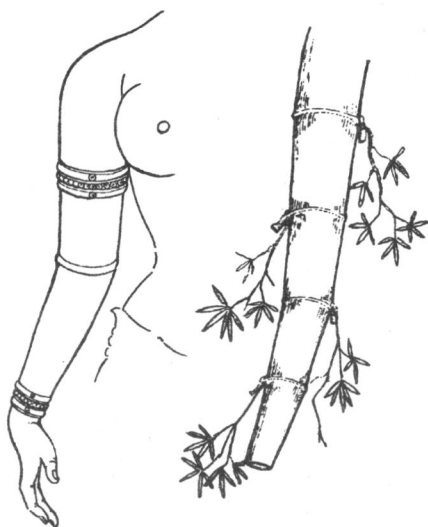

图165 印度传统绘画中胳膊像竹子

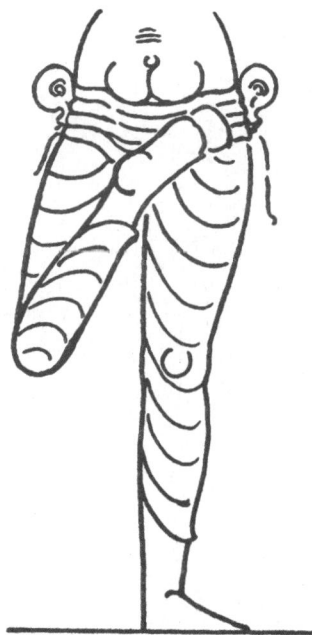

图166 印度传统绘画中像莲花或鱼形的眼睛

图164 印度传统艺术的丰富的腿部造型
样式

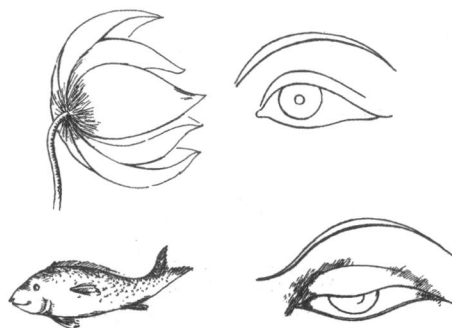

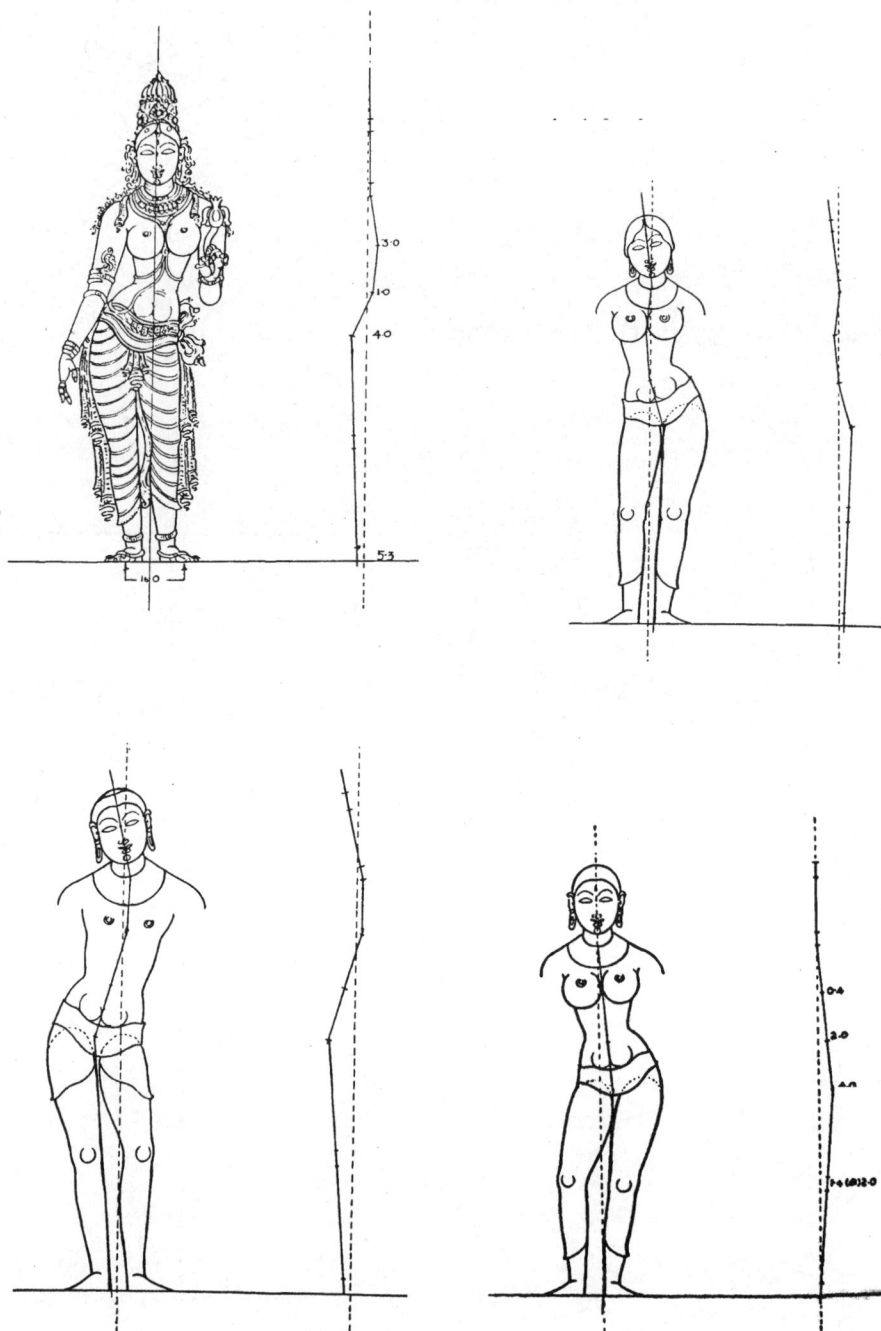

图167　印度传统艺术的表现人物动态仪则

文献虽然不是"佛说"，但也收录于藏文经典中。这部宝贵的文献由藏学家罗秉芬译成汉文，以下就是依据这部汉译本进行的部分收录。

1. 佛的量度

时轮派认为：佛像包括顶饰在内身长125指。

律仪派认为：佛身长120指。

时轮派的观点来自《吉祥时轮根本经》，书中说：佛祖顶髻至白毫中间，长11指半。由此下至颈项为一莲花（12指）。左右脚板为玛奴（14指）、胫骨为德尼（25指）、大腿为日杰（4指，这个量度似乎不对，原文如此）、骨盆（原汉译中没有对应）。胸宽为卡米（20指）、双臂为杰波（16指）、双手为尼玛（12指）。根据此书的理论，可做如下解释：佛像全身长10卡（每卡长11指半）。其中顶髻4指、下至发际为4指半、往下至眉间毫毛、鼻尖各4指。鼻尖至下颌4指半、颈顶为4指、往下至胸膛、脐孔、阴处各为1协（1协指佛像自身脸的长度）。脐孔、阴处各留1指，以上共计62指半（实为63指）。此处再往下，胯部和膝盖本身各留4指。大腿、胫骨各为2协，脚背厚度为4指半或5指，共计63指。佛像宽度也是125指。其中胸宽2协，肩臂20指，小臂16指，手掌12指，手肘、手腕各留1指，左右两侧合计也是125指。故此形成4方形，脚掌长14指（图168）。

（律仪派学说从略）

2. 菩萨的量度

菩萨分静相和怒相两种。

静相。《续部》说：（依佛的量度）应减去二指。注释说：界线与界线处减少2小恰（1恰等于1指宽的长度），如此塑成的静相菩萨身，上身与下身各处减少2小恰，加上多余的20处小恰合计100恰，这就是菩萨静相（图169、图170）。

怒相。《续部》说：忿怒明王与忿怒天母、男侍及女侍等可怖相的神像，10处小恰均应减少（图171）。美丽的自身像9处小恰应减少。坛城、法轮的诸神像依次逐个减少。中央的金刚王神的身像各处均应减去1恰。注释说：忿怒相的菩萨像为10掌，起尸神为12掌，美貌可爱者叫销魂身，为9掌。金

图168 时轮金刚图式

佛教造像量度与仪轨

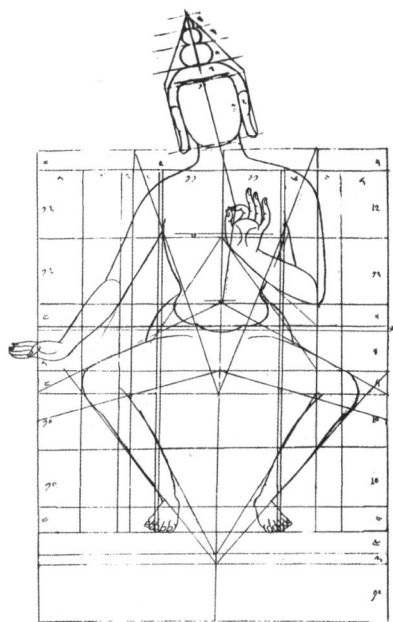

图169 善跏趺坐的弥勒菩萨量度

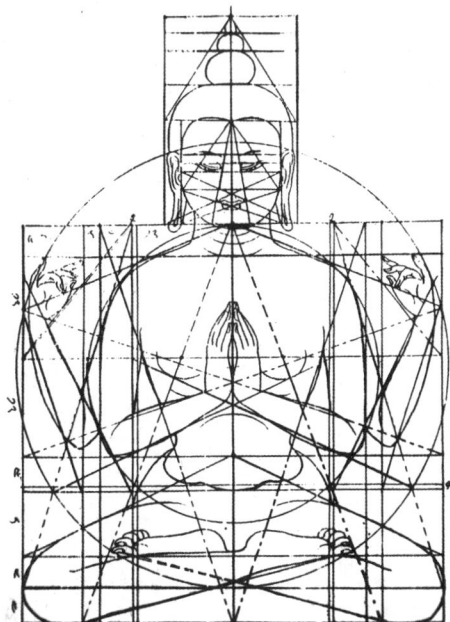

图170 四臂观音的量度

刚亥母等坛城中的女神们，如圣度母也相同。

3.夜叉、罗刹等忿怒身姿的量度

首先划好正中线，坐垫高度1恰、足背厚度4指、至脚腕为1协。脖颈至膝盖3协长、脖颈4指、脸1协。凡是忿怒明王，其头上的发髻为4指、正中线长8协、斜线也是8协。脚长14指。

如果是走姿神像，双脚跟之间相距为3协。小腿和大腿均为18指。脚背、膝盖、脖颈各为4指。脐孔以上为3协。脸部本应12指，因为张嘴，故要再加上2指，共14指。脖颈2指被脸部遮蔽。脸部因是发怒相，须布满怒纹、嘴张鼻竖、双眼大睁、眼珠赤红、浑圆突出，额高发竖共1协。以上所说是神像的高度。下面说宽度：胸宽20指、肩宽14指，前臂和手各1协，因此宽度共8协。所塑之怒相，面貌不美，双手无须修长柔软美丽、身段无须分粗细，可按各名家的佳作塑造。（图172）

六、大威德金刚头像

 པ། རྗེ་བཙུན་འཇིགས་བྱེད་ཀྱི་དབུ་སྐོར་ནི།

图171　怒相大威德金刚面部

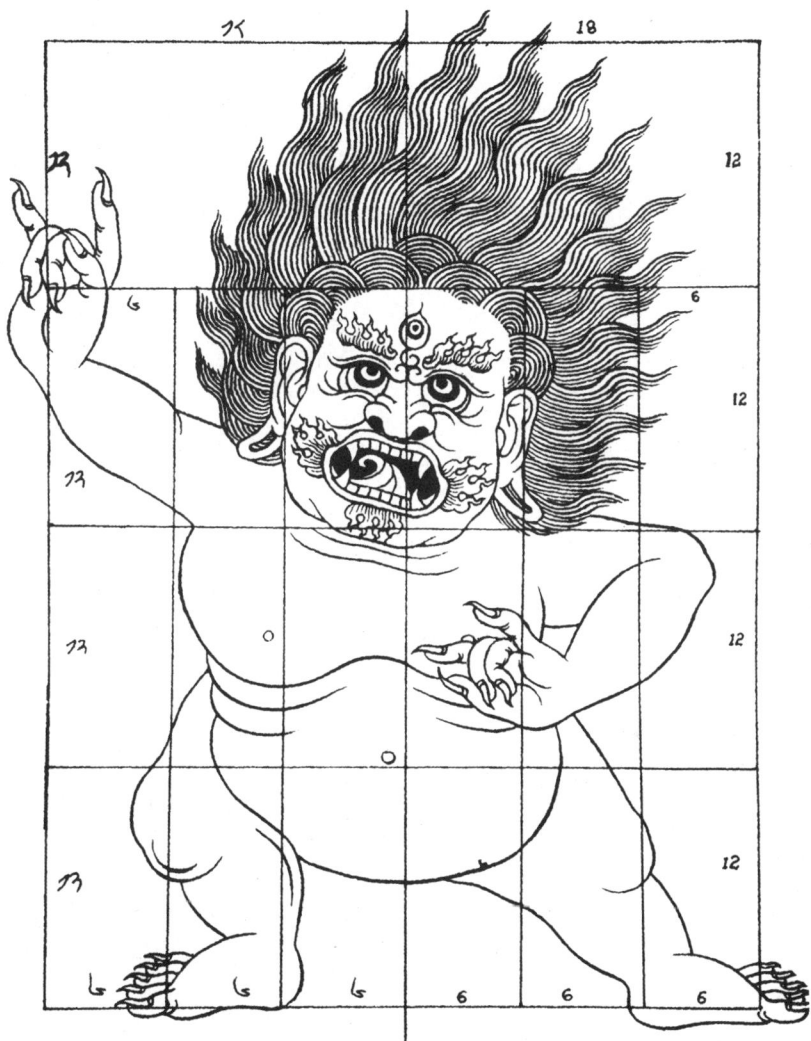

图172　常见的四个面长的神像量度

4. 神灵的各种坐姿

盘腿坐姿：

（1）金刚跏趺式

左脚放在右脚大腿和小腿当中，右脚放在左脚大腿和小腿当中，叫金刚跏趺式。

（2）莲花跏趺式

左脚小腿压在右脚小腿上面，双膝缩紧。

（3）萨埵跏趺式

右脚放在左脚大腿上，然后，左脚放在右脚大腿上。

（4）半跏趺或左半跏趺

左脚蜷曲，右脚略伸。

（5）勇士坐姿

与半跏趺相近的姿态，右脚膝盖上面左脚伸直放上。

（6）空行母坐姿

左腿半跏趺，右膝压上面，右脚放在左大腿上，脚底板朝上。

（7）善妙坐姿

坐于高坐垫上，双脚向下平放触地。

（二）18世纪西藏学者松巴·义西环觉著《身、语、意度量经注疏花蔓》

在造像中通过佛像、佛经和佛塔来表示佛的身、语、意。所以，佛塔是佛教艺术中最重要的内容之一。松巴·义西环觉著作的重要性在于除了有佛像的量度外，还讲述了密教中最重要的图像:坛城（此处指"身"）和塔（"意"）的绘制方法与量度。因为坛城部分数量很大，且在尕藏的译著中写得非常详细，此不复述，需要的话，可参阅其原书。关于塔的部分，因别处无载，以及汉地佛塔则完全汉化的原因，故笔者有选择地加入这一部分。藏传佛教艺术中塔的样式，基本上保留着印度佛塔的样式，所以，量度可以为今所用，汉地佛教艺术也可以借鉴。

佛塔的量度:

佛塔有许多样式，最基本的是"八塔"，以象征佛一生的大事件。八塔一般是指:天降塔、菩提塔、神变塔、法轮塔、涅槃塔、聚莲塔、息诤塔、多门塔。八塔的建造和崇拜在藏传佛教地区比较流行，而汉地不流行。虽然八塔有别，但基本构造相同，所以笔者在此只介绍塔的基本结构的量度。

（画塔时）首先打垂直线、中线和对角线。中线从塔基到塔顶，高度为16个大度量单位（这个单位以作画时材料的尺寸计算，1个大量度单位等于4个小量度单位）、下半部为塔座。

塔底座（绿色）的高度为3个小单位，面积是21个小单位。底座上绘3层阶梯，每层阶梯的面积由下至上，依次是19个小单位（红色）、17个小单位（青色）、15个小单位（黄色）。

佛塔四壁白色，绘狮子捧座，高度为6个小单位，面积是13个小单位。

诸神台阶为青色，高度为1个小单位，面积为14个小单位。小莲花阶层为红色，高度是1个小单位，面积是15个小单位。佛塔阶层为绿色，高度是2个小单位，面积是16个小单位。

塔基到塔顶的高度为12个大单位。莲瓣的高度为1个小单位。

菩提塔为白色，有4个阶层，第一层的高度是2个小单位。第一层面积是12个小单位、第二层是11个小单位、第三层是10个小单位、第四层是9个小单位。

塔瓶下的莲瓣高度是1个小单位，面积是8个小单位。

塔瓶为白色，高度是十二又三分之一个小单位。瓶中间的高度是9个小单位、面积是13个。塔瓶高宽相等，上下部的周长是24个小单位。

佛塔的第一个阶层的面积和第一阶层与横斗间的高度相等，各为6个大度量单位。

佛塔主心木的高度和佛塔第四阶层的高度相等。

莲座的高度为1个小度量单位，莲座基部的面积为2个小度量单位。莲座至塔顶的高度为17个小度量单位，17个小度量单位又分为14个等份。1个等份的高度内绘菩萨咒经，13个等份高度内绘法轮。

每个法轮阶层的高度为1个等份，共13个法轮。其三分之二为法轮阶层，三分之一为法轮阶层的间隙。

滴雨檐的高度与横斗相等，滴雨檐上层的直径与塔幢相等，滴雨檐下层要绘得向外倾斜，使其美观。

　　白色的月亮，高度是1个小度量单位，2个弯角间的距离与塔幢的直径相等。

　　红色的太阳，高度和直径为2个微度量单位，周长为1个小度量单位。

　　黄色的塔顶，高度与直径为1个微量度单位。

　　（为了防止鸟儿在大塔上筑巢栖息，塔顶的日月上要置铁钉）

（图173—图175）

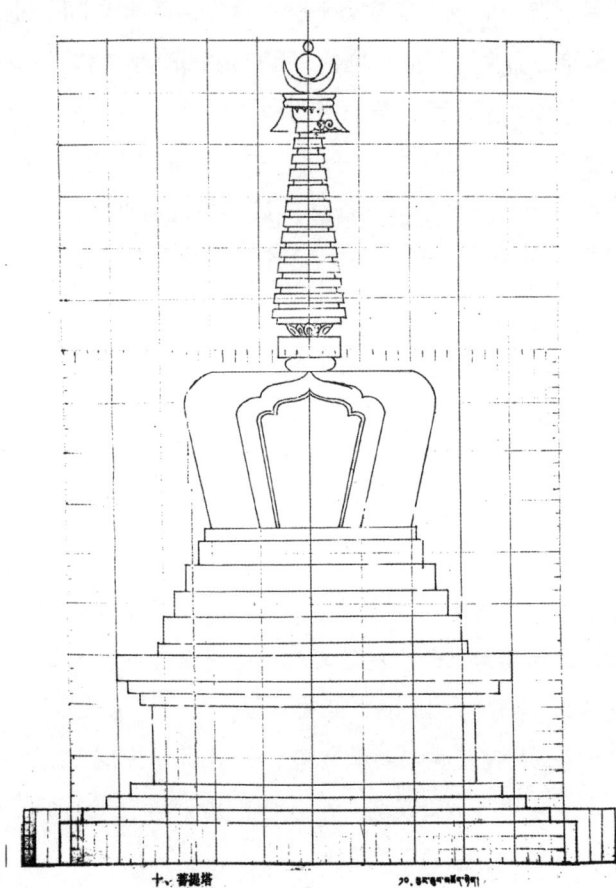

图173　菩提塔的量度与比例

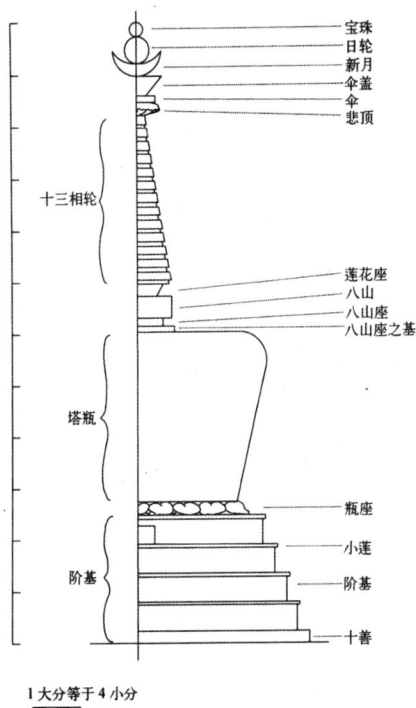

图174 塔的各部分名称及比例

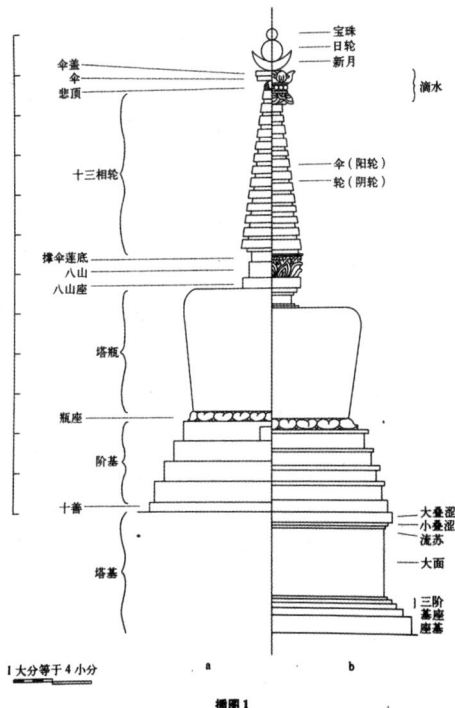

图175 塔的名称及量度

四、汉地传统的造像画诀及量度

现在市面上出售的书籍，有关藏传佛教绘画的量度方面的不难找，但在网络上和内地书店里，有关汉地佛教寺庙装饰方面的书籍却非常少。原因有两个：一是佛教造像自元以来，似乎皆以藏传佛教造像为主，并且造像量度所反映的佛、菩萨和护法等，也以藏式（或称梵式）为主；二是汉地的佛教造像自明清以来，多以本土传统样式为主，遵循的是民间画工传统的口诀，这些似乎不属于佛教仪轨范畴，所以整理这方面材料的学者就无从下手了。

汉地早期的人物画包括佛像的创作者，主要以宫廷画家为主，他们受到良好的文化教育与技术训练，所以崇尚生动与变化，加之早期并没汉译的佛教造像的量度经典，因此，画史或文献记载中绘制佛像的言论，仍然以文人趣味为主，讲究传神、写意，不固守法则。绘画出现固定不变的法则或口诀主要体现在不被文人看重的工匠中间，而他们恰恰是寺庙壁画绘制的主力军。这种作坊式的师徒相传模式，需要行业内的口诀和固定的法则代代相传。所以早期中国画论中并不收录这类"匠气"的画诀或量度，大约清代以后才以文本的形式被整理出来。需要注意的是，汉地佛画不同于藏地，没有那种怪异恐怖的密教之相，除了佛像之外，一般的菩萨、护法、胁侍等，画法与传统人物或本土神灵的画法无异。另外一个重要原因是，汉地绘画，无论是文人画家还是民间画工，思想根基是道家的自然观，对于绘画人物的认识也是如此。所以一般在绘画上，反对刻板，追求自然。因此，即使工匠中间有绘画口诀传承，但并没有固定的画像量度。我们知道，徒弟向师傅学习口诀之外，再就是传承这一画派的画样（或粉本）。在敦煌发现的一些线稿中，保留有一些画样，但并没有绘制这类佛、菩萨的固定量度。所以，笔者考虑到目前对汉地佛像画法无以为凭的状况，以及汉地所绘佛、神、菩萨与一般民间传诵的人物、神灵的画诀相同，故将中国人物画中相关的材料，收集整理，以供汉地寺庙造像所用量度。

以下所录出自《芥子园画传》之《写真秘诀》和杨柳青年画中关于佛神人物的画诀。其中所反映的中国传统道家思想，是非常有意思的。我们可以发现，印度造像传统，往往以具体的植物、动物来比喻，视野比较小。而中国的造像传统则以宇宙山川比喻，视野非常开阔，传统的道家宇宙观念跃然纸上。

（一）《写真秘诀》中人像画诀

诀，是中国传统文化术语，使用很广泛。如口诀、掐诀等，是将某种文化内容编成类似顺口溜的押韵句子，以便于记忆，与佛教中的"咒"或"真言"类似。但是咒更多地体现在佛教文化中，而"诀"，显然是中国的本土文化，比如道家使用的就是各种"诀"。

圖圈一元渾

圖象四儀兩

定准渾分部位。以此派方寸。

上儀
右儀　中加二　左儀
下儀

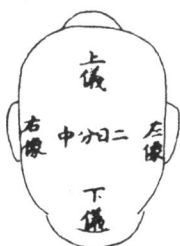

图177　面分上下和左右

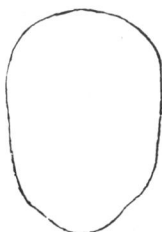

此圈非尋常圈也其
圈可大可小可長可
短可寬可窄可方可
圓可肥可瘦變幻莫
測之妙以此准彼神
而明之實為寫生之
始

圖准定光三

月　日
　星

二目為日月準頂為土星。故為三光要派均部位易準。

图176　画面之始先画浑元一个圈

图178　面部以日月星三光定位图

1.面

先立浑元一圈，然后分上下，以定两仪（图176—图178）。

（画面）大要则不出于部位之三停五部。而面之长短宽狭，因之而定。上停：发际至印堂；中停：印堂至鼻准；下停：鼻准至地阁。此三停竖看法也。察其五部，始知面之阔狭。山根至两眼头止，此为中部；左右二眼头至眼稍为二部；两边鱼尾至边，左右各一部；此五部横看法也。

但五部只见于中停，上停以天庭为中，左太阳、右太阴，谓之天三。下停以人中划限法令。法令至腮颐左右，合为四部，为之地四。

要立五岳：额为南岳、鼻为中岳、两颧为东西岳、地阁为北岳。将要画眉、目、准、唇，先要均匀五岳。

两耳安法：上齐眉、下平准，因形之长短高低通变之。

照样一圈，从中分半，上为天、下为地。中立日月之基。再造土星，以中宫生生之象，配合兰台廷尉。鼻成，则主星定矣。下接人中阔窄，加海口之厚薄相宜。

再生法令，托出两颐，完地库之轻肥。然后勾右目上眼皮一笔，再勾左目上眼皮一笔，以定五部之数，而后添卧蚕（眼），安日、月（瞳孔）。上盖眉山，排眼堂，定阴阳格局。下衬泪堂，存阳光扶阴之基。

其颧如岳，透及鱼尾，以贯山林。分太阳位，拱出天庭。托凌云而对彩霞，拱印堂为中正。边城上接发际，贯巅顶下通地边。托北岳（下巴）。推颈项，而止于领口，然后安两耳于外宫。应眉准之间，皆不容有毫厘差也。（图179、图180）

（总之）画像先作一圈，即太极无极之始，消息甚大，如混沌未开、乾坤未奠。而此中，天高地下，万物散殊。（图181、图182）

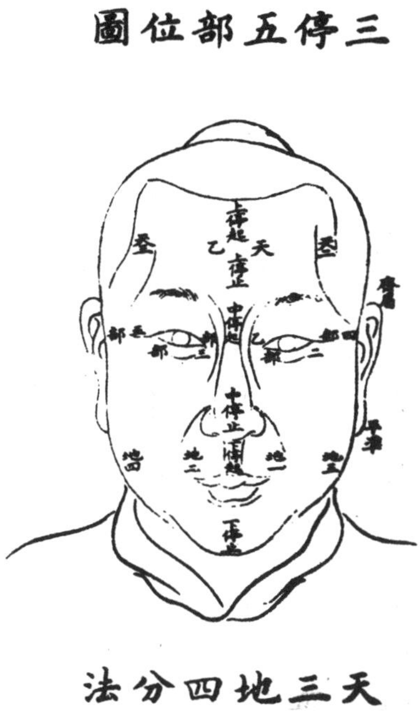

圖位部五停三

天三地四分法

图179 三停五部及天三地四图

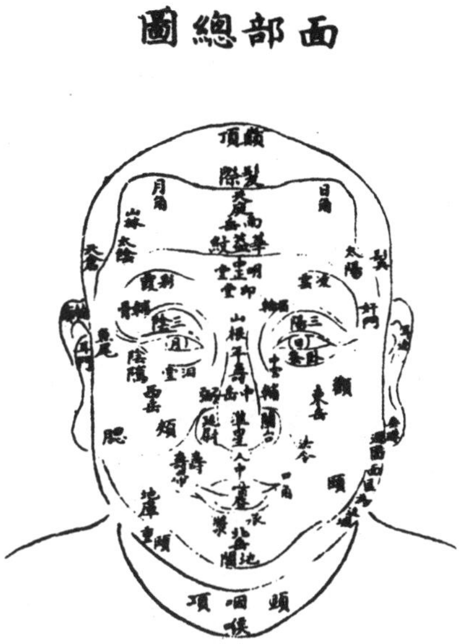

面部總圖

图180 面部所有部分总图

五嶽虚染圖

是分位渾元

图181 以五岳分布面部

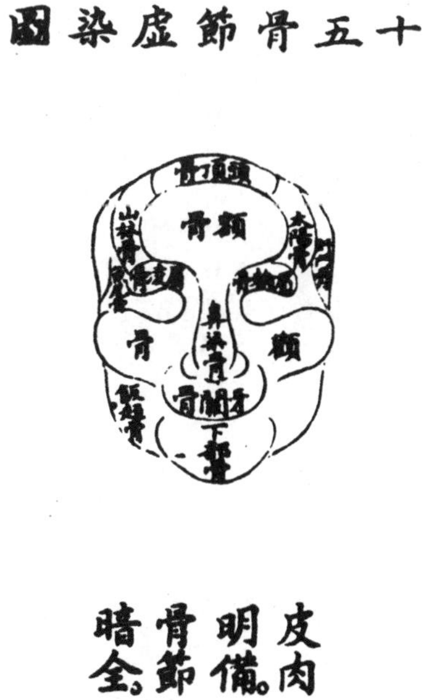

十五骨節虚染圖

皮肉明備骨節暗全

图182 骨节皮肉分别图

附：

鼻（183、184）

眼（185—187）

嘴（188）

耳（189）

须（190）

眉（191）

不同角度的面相（图192—图198）

圖鼻瘦　　圖鼻肥　　圖鼻塌　　圖鼻高

图183　四种鼻子图

圖鼻露　　圖鼻結

露鼻掏如
塌明明雙
孔門二環微
抬一準微
骨不尋根。

結鼻近乎
瘦葫蘆神
彩如過圓
清染凸呂
字兩圍虛。

圖鼻斷　　圖鼻勾

山根無則
斷年壽準
頭生下視
上自起其
中有有橫。

勾鼻多兜
泆人中鼻
兼底藏形
鷹嘴式如
壽位高長。

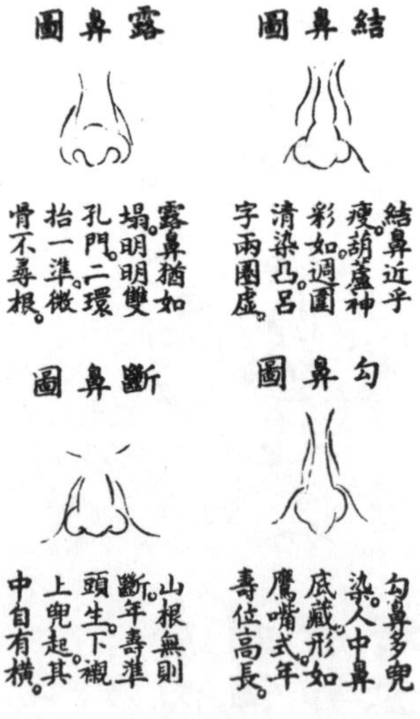

图184　又四种鼻子图

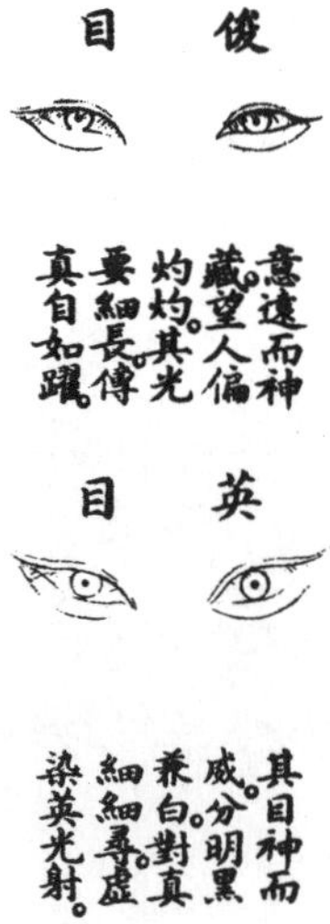

目　俊

意遠而神
藏望人偏
灼灼其光
要細長傳
真自如躍。

目　英

其目神而
威白分明黑
兼細對真
染英光射。

图185　眼图

目　老

神光老目
短多綹淚
痕分實筆
先開准追
陰染綢紋。

目　笑

笑目神光
活花紋魚
尾開細渲
虛處足滿
面合圍來。

图186　眼图

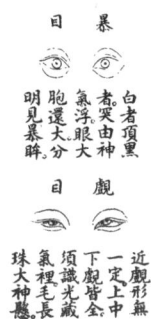

图187 眼图

图188 嘴图

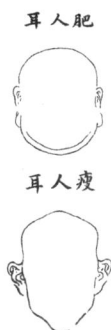

图189 瘦耳肥耳图

图190 胡须图

面 分 十

图191 眉毛图

图192 正面相

面 分 九

图193 微侧面图

面 分 八

图194 比微侧过一点的侧面

面 分 七

图195 我们通常所说的四分之
三侧面

面 分 六

图196 五分之四侧面

面　分　五　　　　　　面　分　四

图197　正侧面　　　　　图198　传统的四分面接近背面

2.身

写身之法，亦有定规。纵观脸之大小应量，从发际至地边，长短量定，下加七数为立（人站立的高度，为加上像本身的面，合为八个头高）。五数为坐、三数为蹲、盘膝与蹲同。

要知出手与立同长（伸出手臂与身体高度相同），直数三折：乳至股、股至膝、膝至足，三折量定，加肩至顶，亦出三折之一。横数六湾：二肩、二肱、二肘，共六个四分脸长，再加两手。每手皆有面长之八分，所以，横竖皆以面八数为法（八个头高、宽）。

（二）朝衣大像诀

明清以来按照宋元画学的"十三分科"来看，朝衣大像，指的就是绘制神道仙佛像。民间绘画属于这一画科的内容有：神、道、菩萨、门神、灶王、上关（羽）下财（财神赵公明）、鲁班、药王、艺祖先师等。明清以来，佛道混融，更准确地说，这些神灵已经不属于原初的佛、道系统，而属于不同的地方信仰。所以在中国晚期的寺庙中常可见到这些混杂的神灵，济济一堂，其中造像特点充满了浓厚的中国文化味道，所以在此也将这方面画诀录入（顺序有改动）。

1.佛像：天冠颈缨、天衣中裙、结跏趺坐（吉祥坐），背光罩身。

2. 菩萨：结带长裙，天衣缠身、垂首合目，坐骑莲盆。

3. 神将（天王）：顶盔贯甲护肩布、九吞八扎沙鱼带、巾带包肚登云靴、挺胸鼓肚摄魂魄。

4. 火神（灵官）：太子盔、风火轮、天衣风带、腰衬水裙、战靴、立水江涯袍。

5. 玉皇（关帝、秦广王等，多出现在地藏十王图像中）：冕旒冠（玉皇旒珠十三串、其他诸神十一串）、天衣披肩、腰衬腰裙、托布镇圭。靴画勾云、

图199 河北石家庄毗卢寺壁画汉式男性梵王像

飘带绕肩、挺带下垂。

6. 文财神：丞相冠、如意翅、蟒袍玉带五绺髯、脚蹬朝靴手托钱（元宝）。

7. 武财神：将军盔、满髯脸、护肩包肚袍色玄（黑）、虎皮高靴手托鞭。

8. 胡仙等（着清朝官服样）：朱顶花翎纬帽、罩褂窄袖蟒袍、薄底一色皂靴、两手一对马蹄。

9. 三星：福星（吏部天官），耳不闻天官帽、立水加花江涯袍、朝靴抱笏五绺髯。禄星（员外郎），青软巾帽、绦带绿袍、携子又把诰命抱。寿星（南极仙翁），道冠玄氅系裙巾、薄底云靴、拐杖老头。（图199、图200）

图200　河北石家庄毗卢寺壁画汉式女性帝释天样式

（三）传真画像诀

面部诀：

一画鼻孔定鼻翼

二画鼻准定鼻根

三画鼻根两眼角

四画左右两眼梢

五画上下两眼帘

六画眉毛疏密分

七画下颏定地角

八画口中一笔横

九画左右两唇

十画唇上定人中

十一画下唇分薄厚

十二画唇边两褶纹

十三画耳下全地角

十四画左右两额角

十五画眼下两颧骨

十六画左右颐

十七画双耳一样大

十八画两鬓定天庭

十九画好须发髻

最末仔细定眼睛

（四）画人物诀

头分三停，肩担两头。一手捂住半个脸，行七坐五盘三半（这些数字是以头的长度为单位）。

五部三停看头型，高矮再照脑袋衡。罗汉神怪不在内，再除娃娃都

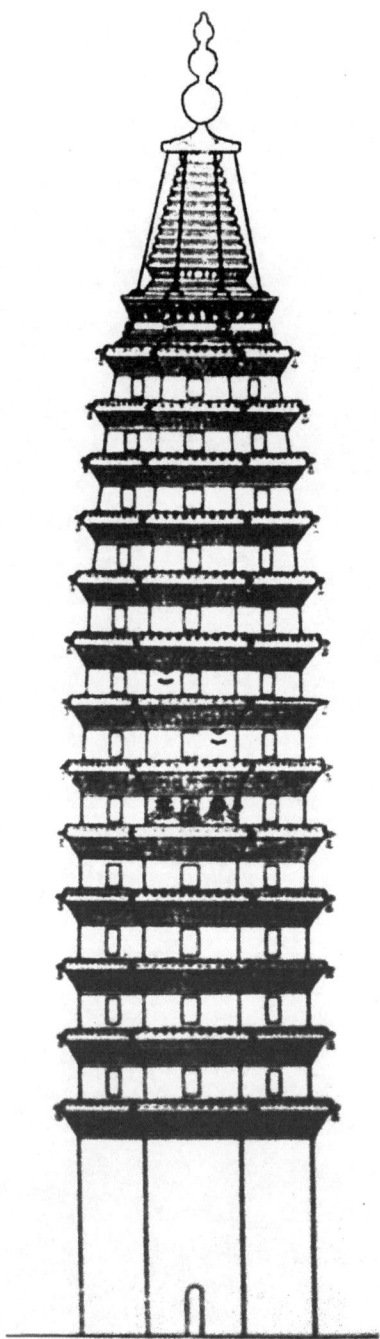

图201 汉式密檐塔

能行。

面分三停五眼，身分腰膝肘肩。先量头部大小，后定肩有多宽，再看手放何处。袖口必搭外臂，袖内上臂贴肋。肘前正对肚脐，腰下凸出是肚，肚下至膝两（头）数，再往下数是脚趾。

正看腹欲出，侧看臀必凸。立见膝下纹，仰见喉头骨。两目多观察，一点莫疏忽。

手大脚大不算坏，脑袋大了才发呆。

（五）塔

汉式的塔，在宋辽时期达到繁盛，并摆脱了印度的萃堵波样式，形成中国自己独具特色的楼阁密檐式塔，具有鲜明的汉地风格。从而与流行覆钵式塔（萃堵波）的藏地形成鲜明的对比。由于汉地这种塔主要吸收了中国古典建筑样式，所以并没有严格的量度规则。但是檐层的数量仍以单数为主，多为七层、九层、十一层，最多为十三层，这仿佛仍然保留着印度萃堵波十三天的遗风。一般塔内可以攀登，每层塑有佛像。当然，也有实心塔。直至现在，汉地寺庙建塔，仍以砖、木结合的密檐式塔为主流。（图201）

五、关于佛"相"的一点讨论

（一）三十二相美学思想简论

美，实际上是一个非常抽象的概念。什么是美，并没有一个统一的标准。对美的判断，古今不同、中西不同、圣俗不同。所以问什么是美，其实是一个伪问题，我们只能问：什么是佛教造像美的标准？

佛教造像，按经典所说，要遵守佛造像的轨则，而其中"三十二种大人相"，是工匠在表现人格化佛陀时，必须要遵守的标准。一种艺术形式的表达，传递的是一个民族的美学观念，通过佛教造像的量度关系，我们可以大致了解印度传统的人体美学思想。"三十二种大人相"，具体内容如前文所列，此不赘述。在此笔者要讨论的是这些各种"相"，有的符合一般的美学原则，如佛的身体柔软、健壮、肤色健康等，但也有的相是比较奇怪的，如"四十齿相"，让人无法想象嘴的大小，"双手过膝相"看上去显得人不够灵活，"肉髻相"和"手脚网缦相"等则更是超出了一个正常人的范畴了，所以，无论如何我们也难以将之与"美"画等号。以这些相，来形容中年佛陀的尊容，这种奇怪的美学思想由何而来呢？

检索文献可知，"三十二种大人相"，不是佛教的发明，这种美学理念来自印度传统，完全是婆罗门教文献中记载的内容。最初它们是形容印度大神阿奇尼（火神）、因陀罗（雷雨神，即佛教中的"帝释天"）以及耆那教教主大雄身相的，这些相显然不能用"美"来形容，它们体现的是东方美学中对于圣人、神仙或伟人"异相"的追求。这种"神人异相"的观念在中国也是古已有之，比如传说仓颉双瞳、刘备臂长过膝、孔子头顶凹陷等（图202）。

佛教产生于公元前6世纪左右，为了表现佛陀的伟大，佛教吸收了印度古代对于传统神灵的描述。但在早期佛教艺术中，并不表现佛陀本人，即不出现人格化的佛陀，而是用象征物来代替。人格化的佛陀造像，按目前学者的共识，一般认为最初出现于犍陀罗，而在这个西亚与印度交汇的地区，其人体美学思想遵循的是希腊传统，因为创造佛像的艺术家是希腊人的后代，

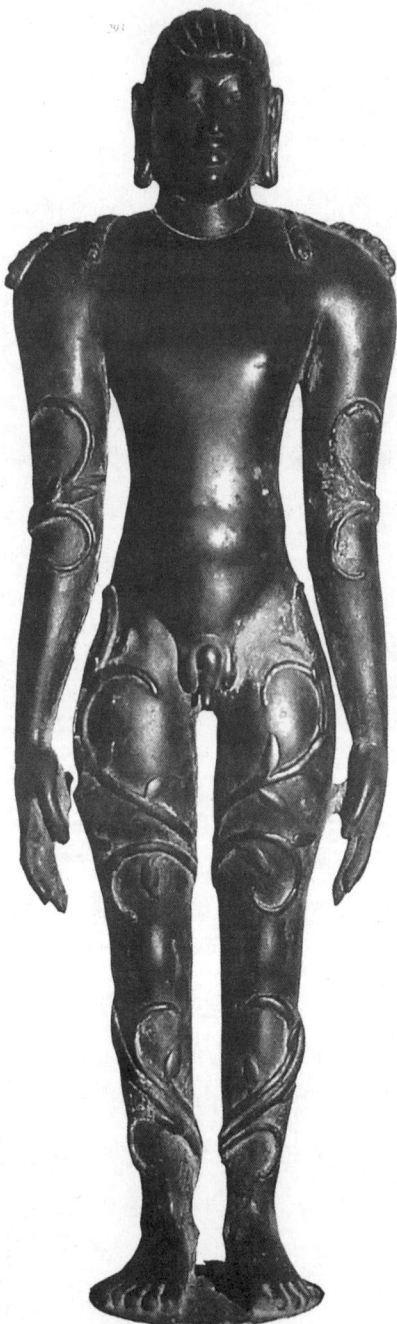

图202　耆那教教主大雄的异相造型

而希腊、罗马艺术的主要特点是自由与写实。所以一开始，源自印度的佛陀造像表现为一个希腊神宙斯或阿波罗的样子，菩萨是一个肌肉结实、比例匀称的青年，由此，印度传统美学在佛陀像出现的初期就受到了希腊式人体美学的冲击。三十二相本来在造像中可以表现的就不多，但在这不多的几相中，希腊艺术家也将之改造了。

希腊人体美学，强调将神表现为"完美的人"，《圣经》上也说：上帝是按照自己的形象创造了人。反过来说，神与人的形体是一样的，只是完美而已，并没有异相。所以我们看到的希腊神是一个个以世俗眼光看来，极为完美自然的形象。而东方美学，包括印度和中国这样古老的国家，一直认为神是"异"于常人的，因此神人的"异相"成为一种最高的美学标准得以呈现（东晋著名画家顾恺之在论及绘制伏羲神农这样的圣人形象时，就说到他们"有奇骨"，这与异相之美的观念一致）。由此，我们看到佛的所谓三十二相，其实都是一些经过人们总结的最高级"异相"。当然，印度美学思想不仅仅只有圣人的这三十二相，还有很多特点，它们体现在古典戏剧、舞蹈当中。

（二）佛的头发

佛是不是僧？这不是一个新问题。但对这个问题的回答似乎却一直没有一个令人满意的结果。原因就在于佛的头发。众人皆知，比丘、比丘尼不能蓄发，这也是出家人主要的外在标志之一，但是佛则不同，在所有的佛造像中，佛都着卷曲的头发，或形成螺髻，或形成波浪式。在佛传中，记载佛出家后，用刀割掉头发，但没有剃光，而是留有约两寸的短发，由于原本头发的弯曲，于是这些约两寸的短发就盘成一个个螺形。那么，为什么佛要留下一点头发呢？据佛教传说，在成佛前，作为太子的乔达摩遇到燃灯佛，他是24位过去佛的第一位，于是太子展开头发，让燃灯佛走在上面，于是燃灯佛所有智慧和力量通过头发传给了太子。成佛后，佛的智慧和力量滚进浓密的头发中，佛头上这些卷发都向右旋转，表明与太阳和生命的路径一样，卷发象征着永恒，正如它的圆形暗示没有开始也没有结束一样。另外佛的头上还有肉髻也称发髻，梵文是usnisa，也称"无见顶相"，意思是说佛的头顶是不能让人看到的。《吠陀》文献认为一个人头上没有发髻是不纯洁的，剃掉发髻在婆罗门系统中一直存有争议。所以，佛陀的身相，遵守着印度传统的三十二种大人相，也保持了印度传统中代表纯洁的发髻。所以在犍陀罗造像中，佛陀的头上有着粗大的发髻，并且通常用一根发带束系着。其实对于头发的不同态度，是一个有趣的宗教问题。我们可以发现，几乎所有的宗教，对人头发的处置都有各自的规定。或是用帽子遮住头发，或是用头巾包住。在犹太教中，在圣殿中之所以必须用帽子遮住头顶，就是为了不能让神看到你的顶，而传统的犹太女人，婚后要剃掉头发。中世纪，欧洲天主教的修士，会将头顶心的头发剃光。另外，在意大利文艺复兴绘画中，表现一个人物放荡时，就会表现她有着浓密的长发。总之，有无头发总是与世俗情欲和神圣寡欲有着各种联系。又据人类学调查发现，在古老的西亚和地中海附近，人们在悲哀时，会撕扯自己的头发，有的甚至剃光头发。所以僧人的剃发和佛的有发，应该有不同的解释，可能还需要更深入的人类学和宗教学的分析，本文只是提出一个问题的思考（图203）。

图 203 犍陀罗造像表现的佛发

佛教造像量度与仪轨

第六章 相关佛教名物的图与释

一、手印

　　手印，或手的姿态，是许多艺术都有表现的，比如印度教艺术、佛教艺术以及拜占庭基督教艺术等，人们相信，手势可以召唤出一种超自然的力量。佛教手印，就是通过固定的手势，表达一定的宗教含义，所以在佛教文化中赋予了双手十指以不同的意义（图204）。当然在印度文化中，手印不限于佛教，在许多传统艺术形式中都有表现，比如舞蹈、祭祀、冥想和宫廷生活当中都有。当然，在佛教艺术中，手印发展出更加复杂的义理意义，尤其是密教神灵众多，其复杂的手印，大大丰富了手印的表现形式。

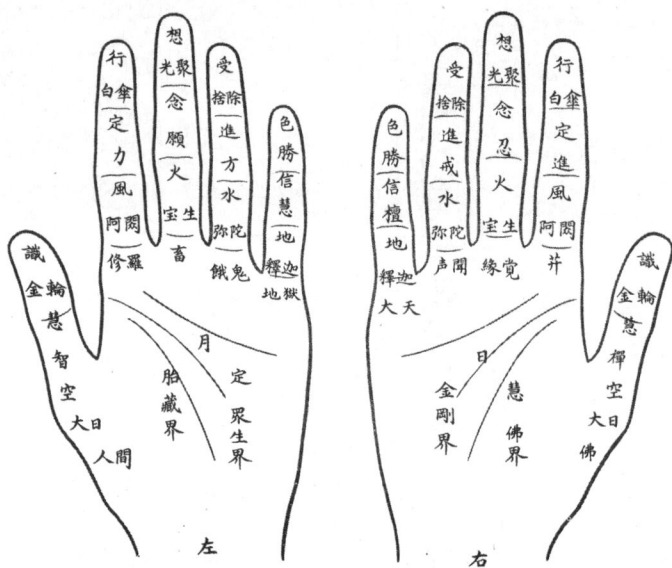

图204　双手十指的宗教意义

　　无畏印、与愿印，是手印中最早、最常见的两个。早期佛造像反映了这一特点，除了表现佛陀初转法轮外，佛陀基本只表现这两个基本手印。下面列举佛教造像中常用的手印：

　　（图205—图252）

图205　说法印

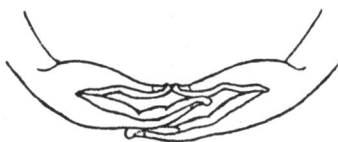

图206　定印

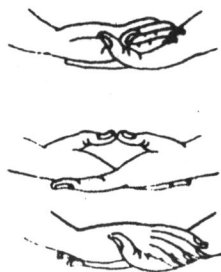

图208　触地印

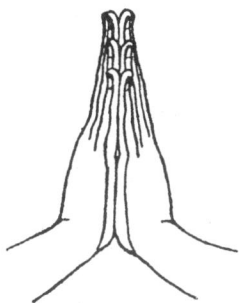

图209　合十印

图207　定印手型

图210　无畏印

图211　从像的角度看施无畏手相

图212　施无畏的另一个角度

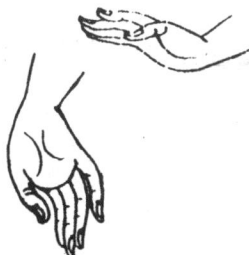

图213　与愿印

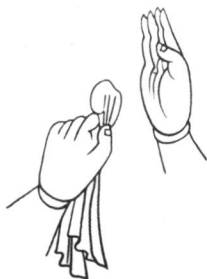

图214　与愿印的另一个角度

图215　智拳印

图216 辨供印　　　　　　图217 怒相神的期剋印　　　　　图218 四摄印

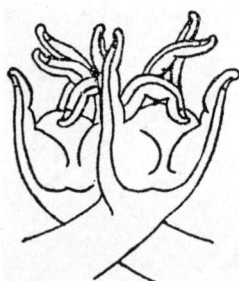

图219 金刚吽迦罗印　　　　　　　　图220 结界护身印

图221 大日如来智拳印及变化印　　　图222 不动佛的触地印及变化印

图223　宝生佛的与愿印及变化印

图224　阿弥陀佛的定印

图225　不空成就佛的无畏印

图226　供养散食印

图227　莲花部心印

图228　花印

图229　四方界印

相关佛教名物的图与释

图230 供养散食印

图231 烧香印

图232 涂香印

图233 护顶印

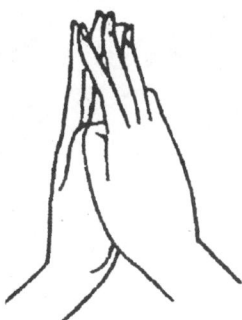

图234 诸药叉女印

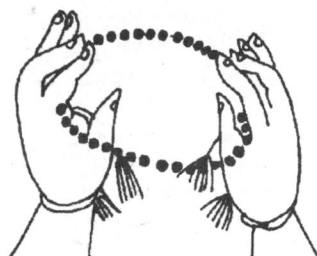

图235 唱真言咒印

图236 二十八宿印

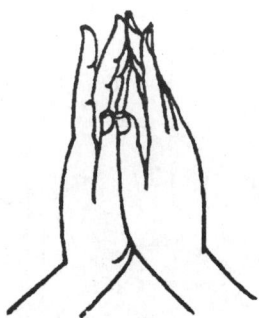

图237 普贤如意珠印

图238 十一面观音印

图239　四天王印

图240　金刚合掌印

图241　忏悔合掌印

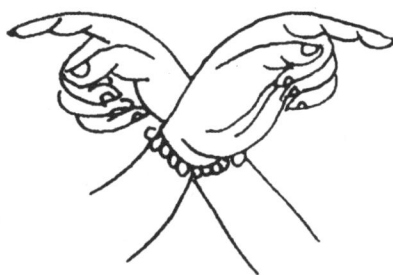

图242　成菩提印　　图243　诸如来集会印

图244　奉请方便印

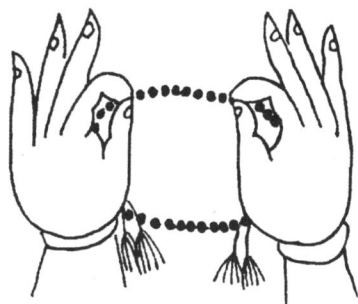

图245　观念印

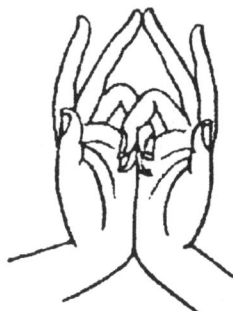

图246　准胝观音印

图247　金翅鸟印

图248　布施印　　　　图249　安忍印　　　　　　图250　祈愿印

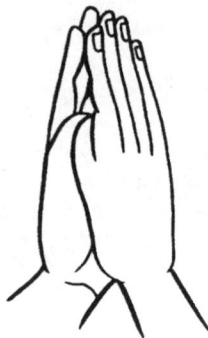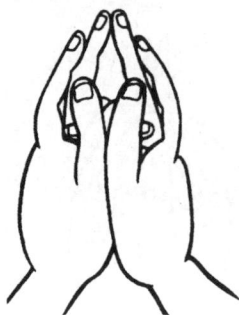

图251　唱礼印　　图252　送子神诃利帝的三种手印（爱子印、请召印、降伏印）

二、坐姿（腿姿）

（图253—图266）

图253　全跏趺坐姿

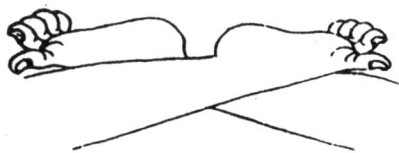

图254　全跏趺坐双脚的样式

图255　游戏坐姿

图257　倚坐或称善跏趺坐常为如来相弥勒的坐姿

图256　游戏坐姿的密教如意轮观音样式

图258　半跏趺坐的思惟菩萨像

相关佛教名物的图与释

图259 交脚坐姿。这一姿态表现菩
萨相的弥勒

图260 瑜伽坐姿印度大成就师常表现为此坐式

图261 左展立姿

图262 左展立姿造像样式

图263 右展立姿

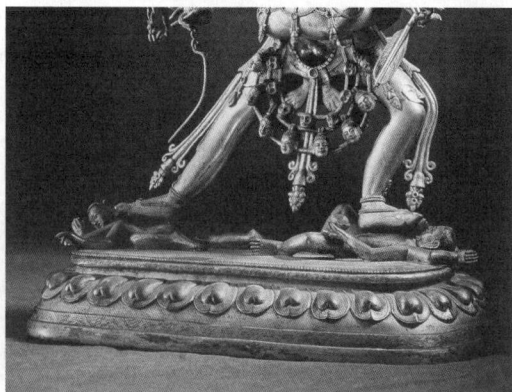

图264 右展立姿造像样式

图265 右舒坐姿

图266 舞立姿

三、持物及相关器物图像

　　佛教造像诸神的持物是判断该神身份的主要标识之一，所以画师要熟悉，持物不可错乱。同时，在佛教寺庙或装饰上也有许多常用图案，工匠和画师也要了解，如果将与此无关的图像表现在佛寺中，就有些不伦不类。当然，中国文化最主要的特点就是多元化，佛教寺庙艺术发展到今天，也融入了大量的本土图像，甚至道家的图像，这也是不能忽视的，甚至不能剔除的，因为它们正是广大信众喜爱的样式，它们反映了民间信仰的需要和力量。

　　（图267—图319）

图267 法轮

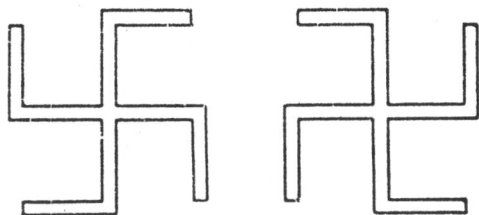

图268 佛教标识卍字

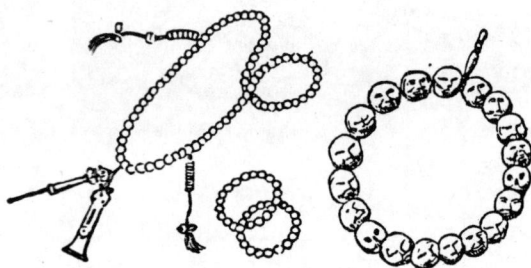

图270 念珠

图269 数珠

图271 摩尼宝珠

图272 火焰宝珠

图 273　水瓶

图 274　太阳

图 275　莲花

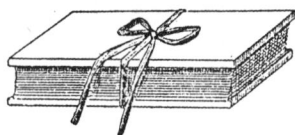

图 276　经夹

图 277　法师作法时
所戴之宝冠

图 278　宝瓶

图 279　骷髅杖

图 280　杖

图 281　蛇

图 282　吐宝鼠

图 283　金刚杵

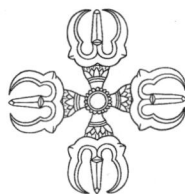

图 284　十字金刚杵

相关佛教名物的图与释　185

图285　索

图286　镢

图287　三叉戟

图288　嘎巴拉碗

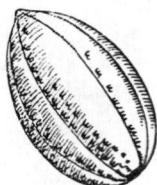

图289　柯子。通常为药师佛所持

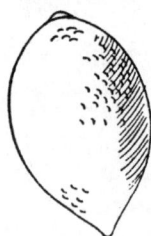

图290　香橼。为财神所持

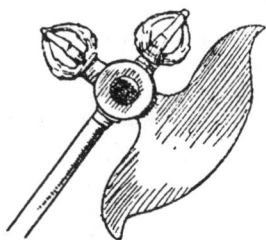

图291　钺刀

图292　马

图293　行香炉的使用

图294　金翅鸟

图295　持行香炉坐尼师坛的法师像

图296　洒净式

图297　寺庙常用的双狮图案　　图298　宝象图案　　　图299　藏传佛教七珍图案之大象

图300　藏传佛教七珍图案
　　　 之大臣

图301　藏传佛教七珍图案之将军

图302　藏传佛教七珍图
　　　 案之金轮

图303　藏传佛教七珍图案之马

图304　藏传佛教七珍图案
　　　 之摩尼宝

图305　藏传佛教七珍图案之王后

图306 吉祥八宝之宝瓶

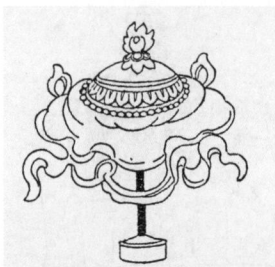

图307 吉祥八宝之宝伞

图308 吉祥八宝之宝幢

图309 吉祥八宝之法轮

图310 吉祥八宝之莲花

图311 吉祥八宝之盘肠

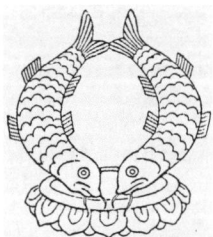

图312 吉祥八宝之双鱼

图313 吉祥八宝之右旋海螺

图315 在当代汉地寺庙流行的道家图案暗八仙

图314 四件佛教乐器

图316 僧人所坐禅椅及足承样式

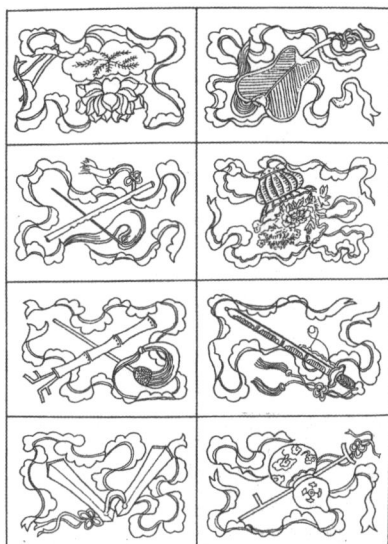

图317 暗八仙又一种

图318 寺庙中的石灯

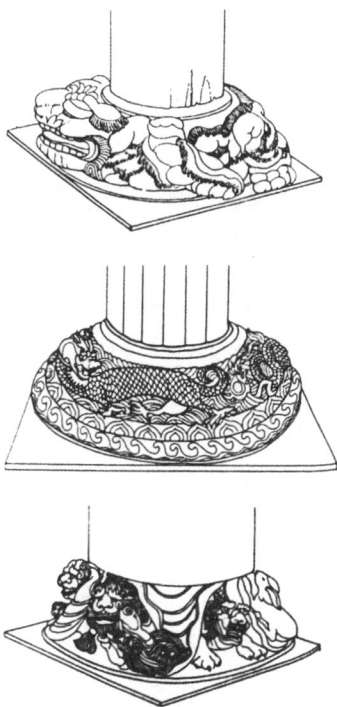

图319 寺庙柱础图案

相关佛教名物的图与释　　189

四、相关词汇解释

A

阿尼哥

尼泊尔人，擅长雕塑以及铸金为像。元中统元年（1260年）来到西藏修建黄金塔，后留在中国并到内地为寺庙造像。当时元代二都寺观之像，多出自他和其得意弟子刘元之手，为皇上宠赏，并授人匠总管，银章虎符。阿尼哥后来卒于内地，死后谥敏慧。但阿尼哥所造佛像多属于供奉在藏传佛教寺庙中的样式，汉地佛教寺庙所用不多。

B

八大菩萨

关于八大菩萨不同的经典有不同的记载，如《药师经》所说八大菩萨是：文殊师利菩萨、观世音菩萨、得大势菩萨、无尽意菩萨、宝檀华菩萨、药王菩萨、药上菩萨、弥勒菩萨。

《七佛八菩萨经》所说八大菩萨是：文殊师利菩萨、虚空藏菩萨、观世音菩萨、救脱菩萨、贤护菩萨、大势至菩萨、得大势菩萨、坚勇菩萨。

《舍利弗陀罗尼经》所说八大菩萨是：光明菩萨、慧光明菩萨、日光明菩萨、教化菩萨、令一切意满菩萨、大自在菩萨、宿王菩萨、行意菩萨。

《般若理趣经》所说八大菩萨是：金刚手菩萨、观自在菩萨、虚空藏菩萨、金刚拳菩萨、文殊师利菩萨、才发心转法轮菩萨、虚空库菩萨、摧一切魔菩萨。

另有《八大菩萨曼荼罗经》所说八大菩萨是：观世音菩萨、弥勒菩萨、虚空藏菩萨、普贤菩萨、金刚手菩萨、妙吉祥菩萨（文殊菩萨）、除盖障菩萨、地藏菩萨。

一般寺庙中所表现的八大菩萨多以《八大菩萨曼荼罗经》所说八位为据。

八关斋

又称八关戒斋、八支斋戒、八分斋戒、八戒斋、八戒、八禁、八所应离。指在家二众于六斋日受持一日一夜的出家戒律。六斋日，即阴历每月初八、

十四、十五、廿三，以及月底两日。在家二众于此六斋日中的任何一日，至僧团中与出家人一齐过出家生活，受持远离杀生、不与取、非梵行、虚诳语、饮诸酒、眠坐高广严丽床座、涂饰香鬘及歌舞观听、非时食等八戒。前七为戒，后一为斋。《西游记》中的猪八戒，其名字就是指此八关斋。因为猪八戒贪吃好色，作者吴承恩为这个角色起了这个劝戒名，也看出作者的良苦用心。

八正色

是指不宜为僧衣印染的八种颜色：橘黄色、深蓝色、紫红色、朱红色、紫黄色、大红色、黄黑色、深黄色。

八十种好

为佛、菩萨之身所具足之八十种好相。又称八十随形好、八十随好、八十微妙种好、八十种小相、众好八十章。佛、菩萨之身所具足之殊胜容貌形相中，显著易见者有三十二种，称为三十二相；微细隐秘难见者有八十种，称为八十种好。两者亦合称相好。

鼻准

中国传统人物画术语，指鼻子。文献记"人于赋形之始，鼻先受形"，画画也是从鼻起稿，所以，鼻子是其他部位的衡量物，故称"鼻准"。

D

大肚弥勒

大肚弥勒是中国人非常熟悉的一个佛教形象，但事实上他是中国人创造的神。在印度，弥勒菩萨是与观音一样俊美的菩萨。最早出现在犍陀罗造像中的菩萨就是弥勒，身体健壮而优美，手提净瓶（图320）。唐代，武则天称帝时，假借弥勒下世成佛，所以在武后时代，弥勒像大量出现，那时的弥勒佛样式，也与我们常看到的如来相完全一致。笑口常开的大肚弥勒出现于中国的五代，原型是宁波一个叫契此的和尚，因他常携一大布袋，故又称布袋和尚。传说他是弥勒的一个化身。由此，从五代以后，尤其是明清，在中国的寺庙中，进入山门就可以看到在天王殿中间，面对山门而笑的大肚弥勒。由于这个造像的流行，中国一般的信众几乎不知道弥勒的本来样式了，一说到弥勒，想到的就是这个笑口常开的大肚弥勒。

图320 犍陀罗造像中持净瓶的弥勒菩萨　图321 佛从三十三天自三道宝阶而回

大菩提像

在藏传佛教造像中，表现佛25岁时身量的像。

大界

僧众的团体生活，要在某一特定区域内，举行布萨、说戒等事。这个场地依之大小而称大小界。大界范围，方圆约60公里以内。在大界区域之外的石柱上，通常题"大界外相"四字。

忉利天

意译作三十三天，忉利是梵名的略称。相传佛母摩耶夫人命终后生于此天，佛曾上升忉利天为母说法三个月，据说最初的佛像就是由于人们因思念佛离开而造。表现佛说法毕从三十三天下回人间时，多是踏三道宝阶而下，场面宏大（图321）。

地阁

中国传统人物画术语，指人面部的下颏。因为中国人物画理论认为人的面部是一个类似宇宙的混元，在这个混元中分出上天、下地，天为天庭，指额头。对应的地指下颏，称地阁。

E

二十四孝图

孝的思想属于儒家，孝图原来多表现在墓葬中，汉代墓葬中就出现有关孝的图画或石刻。成组的二十四孝图，则大量出现于宋代，至元代，二十四个孝的故事固定下来。佛教为了适应中国的国情，大量吸收了儒家的孝道思想，所以在明清的佛寺中也往往会绘制二十四孝图。我们在研究中国佛教寺庙建制和佛教绘画时，一些现象虽然不同于印度，但不能忽视，它们正是中国佛教艺术特有的内容，是适合中国信众的图像。

F

飞天

佛教壁画中所谓的飞天，完全是中国创造的一个名词，主要见于敦煌壁画中。在印度，所谓的飞天其实是一类天女，她们并没有长长的飘带、腾飞空中，而是多为一些歌舞的形象，并且在整个印度寺庙壁画中，这类形象也并不突出。有学者认为中国所谓有飞天其实是印度一对音乐神的演化，即乾达婆和紧那罗。这对音乐神在新疆壁画中也可以看到，但他们并没有飞行。所以又有学者认为飞于空中的神可能是"飞行夜叉"。但是敦煌及内地四五世纪以后流行的飞天，应该与中国道家的"飞仙"有关。所以，飞天一词并没有对应的梵文词，完全是中国佛教艺术中的一个术语（图322、图323）。

图322　飞天图案1　　　　　　　　图323　飞天图案2

佛母

在佛教语境下，这个词有四种意思：1.指释迦佛生母摩耶夫人和其养母（姨母）摩诃波阇波提。2.指般若波罗蜜，简称般若，即佛教意义上的"智慧"。为六波罗蜜之根本，一切善法之渊源，所以又称诸佛之母。3.指佛法，佛以法为师，由法而成佛，故称法为佛母。4.指佛眼尊，在密教中，能产生诸佛、诸菩萨者，将之人格化后，称为佛母或佛母尊。在晚期密教的修持中，崇拜女性力量，所以佛母的类别非常多。如尊胜佛母、大白伞盖佛母等，在原本是观音身形的一些神中，也变化为密教的佛母，如叶衣佛母、救度佛母等。

拂尘

拂尘是佛教造像中经常出现的一个佛教器物。通常在佛陀两侧的胁侍菩萨，往往有一个甚至两个都会手执拂尘。有时护法的执金刚神也会一手执金刚，另一手举拂尘为佛驱虫。拂尘是典型的印度器物，虽然中国也有，尤其是南方，但似乎只出现在道教图像中。它的原始功能当然是为圣者驱赶蚊虫的，后来演变成一个佛教的庄严持物。

G

关公

关公是中国历史上的一个真实人物，由于他的忠勇后来被人们供奉在佛、道的寺、观当中，成为供奉的必不可少的重要神灵。并且不仅汉地如此，在藏传佛教寺庙中也流行供奉关公（图324）。

H

化身佛

乃佛为利益世间凡夫等众生而变现的种种形相之身。

哼哈二将

汉地寺庙中，一进入山门，在山门两侧往往或绘或塑两尊凶神，他们手中都持有武器。二将原本是佛教中的执金刚神，造型基本相同。明代《封神演义》出来以后，将这二神演变为所谓的哼哈二将。闭嘴的是哼，从鼻子里哼出白气，手中持鞭。张嘴的是哈，手持一环，从口中哈出黄气。

图324　汉藏寺庙常常供奉的关公像

图325　敦煌334窟初唐十一面观音两侧胡跪的供养菩萨

胡跪

佛教艺术中常常出现的一种礼佛姿态。字面的意思是"胡人之跪拜姿态"，此种跪法，不同于汉人的双膝下跪，通常是单膝着地，另一腿屈立。由于是表现在佛教造像中，所以这个"胡"，往往让人们误会是指印度人，以为胡跪是印度人的礼拜方式。然而经笔者的观察，在印度的佛教造像中，这种跪姿并不常见，更多的是直立礼拜或如汉人那样双膝下跪。事实上，胡跪的"胡"，指的是古代中亚人，当时中国人主要称中亚人为胡人，通过新疆佛寺中保存的早期壁画也可以看到这种胡跪在当地是非常流行的（图325）。

海口

中国传统人物画术语，指人面部中的嘴。因为人物画理论认为面部的"口"属水星，又因其为活动部位，故以流动的湖海相比，称"海口"。

J

戒坛石

主要见于汉地寺庙。在律宗或禅宗寺院门前，往往立一石碑，上书"不许荤酒入山门"。小乘律典的荤原指蒜、葱、韭等，但现在的荤除此之外，更主要的是指肉（图326）。

戒刀

是古时僧人随身携带之物，用于剃发、剪指甲、裁布等。在新疆地区的早期壁画中可以清楚地看到僧人所使用的这类刀具（图327）。

诀

汉地画工作画时使用的作画规则，是前辈画工用简捷押韵的句子，编成顺口溜的形式，在师徒中间代代相传。不同的画科有不同的画诀，通过画诀和画样，画工可以基本掌握本派画风的造型、赋彩等样式。

K

开光

佛像落成后，择日致礼供奉，同时诵经，谓之开光。也称开眼，或开眼供养。

L

立七坐五蹲三

中国传统人物画的身体量度口诀之一。以面长为基本单位，习称一个头，七个头为站立的高度，坐着是五个头的高度、蹲着则是三个头的高度。

刘元

元代佛像画师，师从尼泊尔画师阿尼哥学画西天梵相，名重当时。

力士

在汉地寺庙造像，力士是经常出现的一类神，原本是金刚力士或执金刚神，

图326　戒石

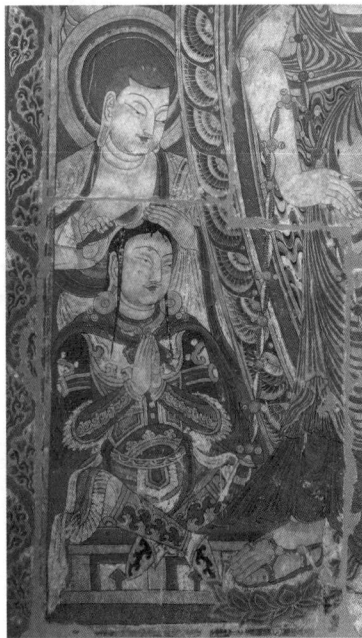

图327　新疆柏孜克里克石窟20窟佛传中剃度图

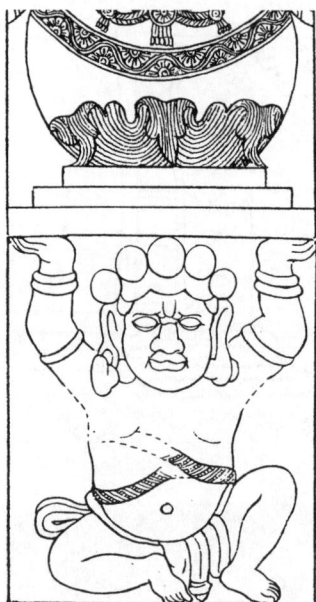

图328 挺举重物的侏儒夜叉

为佛教护法神，其原型是印度石窟寺门两侧的执杖夜叉（此为佛说）。唐代造像非常流行一佛、二菩萨、二力士、二天王。而在造像龛中，力士往往作为门神出现在龛的左右。造型通常是上身裸、下着短裤、浑身肌肉暴突、面目狰狞。但另有一种在佛座下或石柱下的裸体形象，一般也习惯将之称为力士，事实上他们是侏儒夜叉。在印度这类身材矮小的夜叉往往都是造像或座下的支撑形象。所以，这类形象不属于力士，正确的名称叫侏儒夜叉（图328）。

六度

六度又称六波罗蜜多，波罗蜜多意译为：到彼岸。度为度生死海之义。六者为：一布施，二持戒，三忍辱，四精进，五禅定，六智慧。六度意为获得解脱的六种方法。

N

涅槃

涅槃是梵文音译，意译是灭、寂灭、灭度、寂、无生。涅槃分为：有余（依）涅槃和无余（依）涅槃。有余涅槃是烦恼虽断，但肉体残存。无余涅槃是灰身灭智之状态，即指一切归于灭无之状况。但在造像上，并不能表现这两者的差异，涅槃的图像比较固定化：就是佛右侧卧，故民间又称此式佛像为睡佛。

P

菩萨瑞像

出现在四川唐代的一种佛造像，通常表

现为一手定印、一手触地印，头上着高冠、有顶饰和臂钏（图329）。

Q

七条衣

僧装三衣之一。因其福田相有七条，故名七条衣，又称七条、七条袈裟或七条衲衣。音译作郁多罗僧、优多罗僧、优哆罗僧、郁多罗僧伽等等。意译作上衣、上着衣，为常服中最上者。因覆于左肩，又称覆左肩衣。行斋、讲、礼、诵等诸羯磨事时，必穿着此衣，故又称入众衣。

R

瑞像

所谓瑞像是在中国佛教造像中出现的一种固定样式的佛像，据说来自印度或犍陀罗，当然也有中国本地的瑞像。瑞像，事实上就是显过灵的像。因为灵验，从而得到信仰者的追捧（图330、图331）。

肉髻

顶有肉髻，为佛三十二相之一，为尊贵之相。对于这凸起的一块，是肉

图329　四川巴中西龛唐代的菩提瑞像

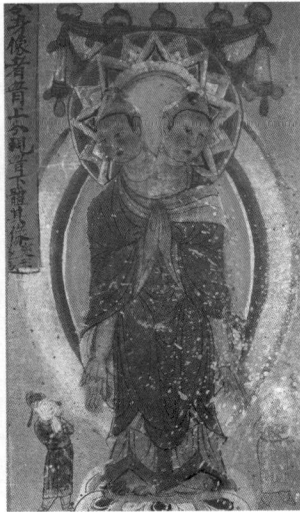

图330　五代莫高窟72窟释迦双头瑞像

图331　唐莫高窟231窟弥勒瑞像

还是骨头，一直有学者争论。早期在造像中表现为发髻，如犍陀罗艺术中所表现的那样。后来，在汉译佛经中逐渐固定为肉髻。

S

十一面观音

密教六观音或七观音之一，又作十一面观自在菩萨、大光普照观世音菩萨。依《十一面观世音神咒经》所说，其形象为："身长一尺三寸，作十一头，当前三面作菩萨面，左厢三面作嗔面，右厢三面似菩萨面，狗牙上出，后有一面作大笑面，顶上一面作佛面。"十一面观音造像出现后很快与千手观音像结合，形成今天在寺庙中常常看到的十一面千手观音。

十地

大乘菩萨道的修行阶位，指十个菩萨行的重要阶位：初地，又称欢喜地。二地，又称离垢地。三地，又称发光地。四地，又称焰慧地。五地，又称难胜地。六地，又称现前地。七地，又称远行地。八地，又称不动地。九地，又称善慧地。十地，又称法云地。

三昧

指禅定境界。系修行者之心定于一处而不散乱之状态，又作三摩地、三摩提、三摩帝。意译为定。

三停五眼

汉地人物绘画对于面部的量度。三停是指对面部纵的量度，即自发际至下颔纵向平分三份。五眼是对面部横的量度，即左右耳轮前沟之间横向分为五份。

四波罗密菩萨

在金刚界曼荼罗大日如来前后左右的四亲近菩萨，略称四波罗蜜。他们是：东方（前）金刚波罗蜜菩萨，黑青色，左手莲花上有箧本，右手结阿閦如来之印，具金刚坚固之智用。南方（左）宝波罗蜜菩萨，白黄色，左手莲花上有宝珠，右手持四角金轮，生万德众宝。西方（后）法波罗蜜菩萨，赤肉色，结无量寿之印，上承莲花，莲上有箧本，以此代表说法、断疑慧门之德。北方（右）羯磨波罗蜜菩萨，又称业波罗蜜菩萨，青色，左手莲花上有箧本，右手执羯磨杵，成就利益众生之事业。

手印

即佛、菩萨等神手的姿态，具有一定宗教意义。当然手印不是佛教的创造，它来自印度古老的文化，当初都有着现实意义。显教中佛的手印比较单纯，常见的有：说法印、定印、无畏印、与愿印等。密教手印体现在本尊、佛母、护法神等各类神中，所以手印非常复杂，不能细数。手印为密教三密之一的"身密"，通过手印可以感受到佛、菩萨之力量而与之成为一体，故结印、解印，需要拜师亲授，使用时要慎重。

石蜜

即指冰糖，常用于供佛或为佛像装脏五甘露之一。提炼精致的白色冰糖，产自印度，中国向印度人学习了这种技术，可参阅季羡林著《中华蔗糖史》。

三十二相

三十二相，在佛教语境下，指的是转轮圣王及人格化的佛陀所具之三十二种殊胜容貌与微妙形相。又作三十二大人相、三十二大丈夫相、三十二大士相、大人三十二相。略称大人相、四八相、大士相、大丈夫相等。

送子观音

传统的观音造像多是千手观音，如大悲阁、观音殿中常表现的就是这类观音样式。在大雄宝殿主佛坛的背面，往往表现南海观音。但一个不能忽视的现象是，在这些主像左右或下面，信众们往往会供奉许多大小不一的送子观音像，这也是当代汉地佛教寺庙特别突出的现象。送子观音出现于宋代，并于宋代观音菩萨完全中国化，变身为一尊女性的慈悲菩萨，由于是女神，人们普遍向她求子，这种现象广泛流行于明清以及近现代，于是送子观音也成为寺庙造像中不能忽视的一个形象（图332）。

四大天王

在汉地寺庙中，进入山门后，就是天王殿，在这里实际是一个过殿，在过殿的两侧分别塑有高大的四大天王像，一边两尊。他们手中分别持有剑、琴、伞、蛇，四神即作为寺庙的护法，又因手中持物而分别象征风、调、雨、顺。这个含义是从中国文化中衍生出来的。

图332 送子观音

佛教造像量度与仪轨

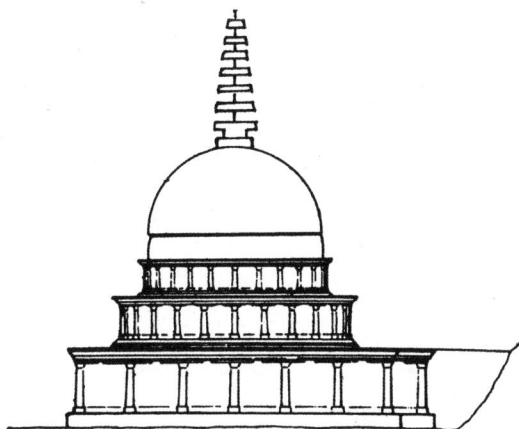

图333　古代印度有佛舍利的塔，称窣堵波

舍利

舍利为梵语音译，指死尸或遗骨。通常指佛陀的遗骨，后来也指高僧的遗骨。又或将舍利分为两种：生身舍利，即佛的遗体；法身舍利，指佛的教法。舍利崇拜起源很早，据说在佛涅槃后，八王分争舍利后就起塔供养，后来，阿育王又将这些舍利分开，起建八万四千塔。所以塔的梵文 stūpa，原意就是舍利塔。所以礼塔，本质上是礼舍利，而礼舍利就是礼佛。没有舍利的塔，不能称为 stūpa（窣堵波）（图333）。

二宝章

也称三宝标，象征佛、法、僧的一种图像。

狮子座

狮子是动物界的猛兽，在印度传统文化中，与大象、猴子等常常出现在文学作品和寓言故事中。印度教也常用狮子比喻梵天的威力。佛教创立后，也将狮子的比喻借用过来，常用狮子吼来表示佛说法的威力。因此在造像中，常常在佛座的两侧表现一对狮子，并逐渐固定下来成为佛教特有的狮子座。密教中狮子座是大日如来的标识。其他四佛各有不同的生灵座，而菩萨多为莲花座。但是现在寺庙中，住持说法的座往往雕龙画凤，仿佛世俗帝王的龙椅，即不见狮子也不见莲花，有点不伦不类。

图334　河南开封相国寺十八罗汉之探手罗汉

图335　云南巍山一个佛寺中的长手罗汉

T

探手罗汉

现代中国寺庙，大多有罗汉堂，表现十八罗汉或五百罗汉。笔者注意到，在许多现在汉地寺庙的十八罗汉中，往往会出现一尊"探手罗汉"，这是十分有趣的现象。因为在早期的罗汉图中，并没有这一伸着夸张手臂的罗汉。经笔者考察，这一探手罗汉，源头可能是明代因迦陀尊者，有双手上举之势，后来附会到半托迦尊者身上。而一般寺庙，往往并不写这个探手罗汉的印度名字（图334）。更有趣的是笔者在云南一个佛寺中还看到另一个衍生的造像，叫"长手罗汉"（图335）。

天庭

中国传统人物画中的术语，指人的额头。因额圆而上覆，故曰天庭。

天龙八部

又称八部众，指天神、龙、蛇等护持佛法的八种守护神。即天、龙、夜叉、乾闼婆、阿修罗、迦楼罗、紧那罗、摩睺罗伽。天，指梵天、帝释天、四天王等天神。龙，指八大龙王等水族之主。在形象表现上，往往在该神头上或肩上骑有一龙。夜叉，指能飞腾空中的鬼神。自初唐开始这个夜叉鬼怪会手中托一小儿，疑与鬼子母信仰的流行有关。乾闼

图336 四川广元千佛岩唐代天龙八部造像之局部

婆，系帝释天的音乐神，以香为食。阿修罗，意译作非天、无端正、无酒。此神性好斗，常与帝释天争战。此神形象在造像中最易辨识，是一个三头六臂、手托日月等物的神。迦楼罗，即金翅鸟，身形巨大，其两翅相去三三六万里，取龙为食。此神在八部中也容易辨认，就是他有一个巨大的鸟喙。紧那罗，似人而有角，又名人非人。摩睺罗伽，即大蟒神（图336）。

W

五位

指一切有为无为法的五种类别：又作五事、五法、五品。即：色法（rūpa-dharma）、心法（citta-dharma）、心所有法（caitasika-dharma）、心不相应法（citta-viprayukta-dharma）、无为法（asaṃskṛta-dharma）。

以上五位，乃小乘说一切有部所立。

另外，大乘菩萨修道之五等阶位，又称大乘五位，即：资粮位、加行位、通达位、修习位、究竟位。

五衣

又称尼五衣,即僧伽梨(梵 saṅghāṭī)、郁多罗僧(梵 uttarāsaṅga)、安陀会(梵 antarvāsa)、僧祇支 (梵 saṃkakṣikā)、厥修罗 (梵 kusūla) 等比丘尼所著用之五种衣。前三者与比丘三衣同为大衣、上衣、内衣。僧祇支又作只支、掩腋衣、覆膊衣,为一长方形布,披着于左肩,掩蔽左膊,另一端则斜披以掩右腋。厥修罗又译作篅衣,即尼师所著之下裙。前三衣加上后二衣合为五衣。

五条衣

又作五帖袈裟、五条衣、五条,为比丘三衣之一。

五方佛

又作五智佛、五智如来、五禅定佛。有金刚界五佛与胎藏界五佛之别。

五佛冠

五佛冠又作五智冠、五智宝冠、五宝天冠、灌顶宝冠、宝冠。五佛冠是藏密上师修法时,戴着象征五智如来的宝冠。宝冠中央有五化佛,用以表示五智圆满。现在许多地方化的佛教活动,法师也会戴五佛冠。

韦驮

佛教护法神,常见于汉地寺庙四天王殿中间大肚弥勒像的后面,都是表现英武的韦驮将军。韦驮,原为印度教一个神灵,被佛教吸收为护法神,主要保护寺、僧安全。也有学者认为他的原型是鸠摩罗童子,即六面童子。此神造型是年轻的将军相,武器是降魔杵。但这个降魔杵在韦驮手中不同的姿态表示不同的意思:1.双手合十将杵横在胸前,表现欢迎外来僧人来此寺挂单长住;2.双手相交挂杵,杵触地,表现也可以挂单;3.将杵扛在肩上,表示此寺为子孙小寺,不能挂单。当然,这些意思并没有经典依据,是汉地寺庙约定成俗的说法。虽然一些大法师对此不以为然,但这种做法在汉地寺庙还是非常流行的。

无上菩提

三菩提之一,又作诸佛菩提、阿耨多罗三藐三菩提、无上正等菩提、大菩提。佛、缘觉、声闻各于其果所得之觉智,称为菩提。佛的菩提为无上究竟,称无上菩提。

X

心咒

三种神咒之一。诸佛之神咒有大咒、小咒、一字咒等三种。其中一字咒又称心咒。心者，真实精要之义。

仙人埃哲

传说中人世间的第一位画师。

须

中国传统人物画术语，指男人面部的胡须。中国古文中指男人的胡须，原本只用"须"字，有"五绺须""连鬓须"等说法。中国人的须相比中亚和西亚的胡人要淡很多，所以，当胡人大量涌入中国以后，发现胡人这一体貌特征的中国人，开始使用"胡须"这一名字。但在中国古代画史上，并不见胡须一词的使用。在人物画描述男性胡须时，用的仍然是"须"这个字。

须弥座

须弥是指须弥山，为佛教的宇宙观。后来将一种有八角的收腰佛座，称为须弥座。中国传统建筑中也大量使用须弥座样式（图337）。

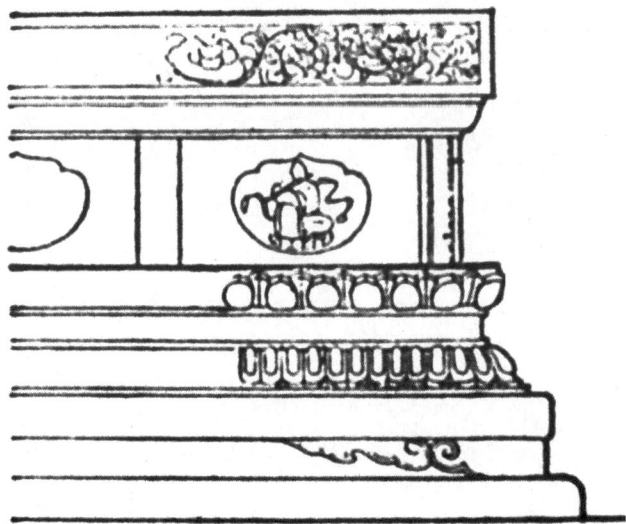

图337 传统建筑中的须弥座及各部分图案

新样

事实上这个词来自敦煌壁画中的题记。通常佛教造像是有一定轨则的，一种图像样式是不会轻易变化的。但在历史传承过程中，也必然会出现一些个别艺术家因为某个事件、或赞助人的原因而创制一种新的图像类型。当然，这种现象并不多。敦煌壁画中出现的"新样"，是指220窟所绘的"文殊新样"。（图338）

Y

仪轨

印度自吠陀时代，即将礼拜诸神的方法，称为kalpa，即仪轨。密教依循此一传统，将有关佛、菩萨、诸天之造像、念诵、供养的方法轨则，也称为仪轨。

图338　敦煌五代220窟，文殊新样

图339　甘肃敦煌莫高窟159窟中唐绘僧人净齿图

仪轨是使佛教艺术有别世俗艺术的尺子，它包括艺术家在画像或造像时要遵守的戒律，如画佛像前要沐浴，中间不能房事，不使用动物色、动物胶等。

夜叉

梵文音译，又写作药叉。夜叉有三种：为地行、虚空、天夜叉。在印度，女性夜叉非常艳丽无比，但或可以此害人。夜叉是半神半魔之灵，好的一面是如果夜叉得到供养和驯服，则可作为守护神，并且可以提供财富，所以夜叉崇拜是印度古老的传统，尤其是在摩羯陀地区。所以佛教产生后，为了赢得信众，也吸收这一古老的信仰，将夜叉作为佛教的护法神。佛教中著名的夜叉神有鬼子母、毗沙门、金刚手等。但这一信仰传入中国后，没有这么幸运，人们一直认为夜叉是一种恶鬼，"母夜叉"更成为咒骂女人最恶毒的一个词。

杨枝

又称齿木，是古代印度人日常刷牙、刮舌的木片。佛典中，佛陀规定僧人必须"嚼杨枝"以去口臭（图339）。

样本

画工作画所依据的底本，在此指佛教画样，也称"粉本"。粉本的结构一旦确定，不能轻易改动，所以样本可以在画工中间代代相传，也可以跨越区域传播。

Z

总持

梵语音译为陀罗尼。陀罗尼是古代印度的一种记忆术，将这种记忆术用于对佛典的记诵。因为陀罗尼的形式，类同于咒，因此，后人将其与咒混同，也称陀罗尼咒。然一般可以以句子的长短加以区分，长句为陀罗尼；短句为咒；一字或两个字的则为种子。

真言

指不能以言语说明的特殊灵力的秘密话事，一般是祈愿时所唱诵的秘密章句。目的是向神明祈祷祛灾除厄的。真言的使用在佛教产生之前就流行于印度。佛教产生后，为佛教所采用。

五、佛教造像常见的量度单位

1. 指：佛像自身一根手指宽的长度。

2. 安古尔：即是"指"的梵语音译。

3. 面长：约12指宽的长度。

4. 莲花：佛像自身的面长，称一莲花，即12指宽的长度（藏传佛教造像用）。

5. 拃：《佛说造像量度经》所用量度单位。拃，本为张开之意，这里指按造像的手展开，从拇指到中指的长度。

6. 协：一莲花或12指宽的长度（藏传佛教造像用）。

7. 恰：恰为一指宽的长度。恰又分小恰和大恰。小恰相当于一粒青稞的长度或约1指宽的长度；大恰相当于1协，即12指宽的长度（藏传佛教造像用）。

8. 海：相当于4指宽的长度（藏传佛教造像用）。

增订后记

　　《佛教造像量度与仪轨》是笔者二十多年前编写的一本小书。当时正当年少，在美术学院从事世俗艺术实践多年，后来转行研究佛教艺术史，发现两者的许多异同，一下子感慨颇多。也是初生牛犊吧，就写下了这本小书。想法是提醒世人，当然主要是针对那些为寺庙造像的艺术家，不要将世俗艺术混同于宗教艺术，宗教艺术的世俗化结果是这门艺术的最终消失。因为无论在造型理念上还是在美学标准上，这两者都有很大的差异。中国的佛教造像与民间艺术更为接近，所以受过学院派西式训练的艺术家往往容易忽视这一点，这是当时写成这本小书的原因。承蒙上海书店出版社的厚爱，时隔二十年，现在要将此书增订再版，其实有许多话要说要补充。当时在校对初版书稿时，正怀着女儿，如今她已是大三的学生，也在学习中国艺术史，常常问及佛教图像问题。我自己也带着佛教艺术方向的研究生，对于他们提出的佛教造像方面的问题，正可以借此机会，在增订中有针对性的作出回答。经过二十年的学习，发现当年对许多知识的理解非常浅薄甚至是错误的，如今读来汗颜。但是如果没有当年这本小书，也就不会有今天的增订，所以还是佩服自己当年的勇气。并且希望通过这次再版，可以修正一些观点和说法，并补充更多对读者和年轻人实用的资料。

　　通过整理材料和多年的观察，笔者发现，汉地佛教造像与藏地佛教造像最大的不同是：后者基本遵循着印度的传统和量度，而前者则以中国民间艺术的方法来表现他们信仰的佛、菩萨。所以，艺术家在考虑汉地寺庙的装饰和造像量度时，要更多关注传统画师对于画像的总结。

　　笔者在这次增订中增加了许多印度教、希腊艺术以及中国传统或者说是道教的内容，而不仅仅限于佛教本身的量度和美学观念。这样做的目的在于告诉大家，没有一种文化是纯粹的、唯一的。它总是受到更为古老的文化的影响，也会主动借用更为古老的传统表现方式。并且当一种外来文化传入后，它也会不断地与本土文化磨合，最终形成当地人们喜闻乐见的形式。这种形式较之原来的文化，面貌也许会大大不同，但这并没有什么大惊小怪的，它正是文化的特征，以宽容的态度对待它们，才是正确的、发展的。所以一个佛教艺术家，不仅仅要了解佛教美学，还要了解印度传统美学、中国传统美学，这样才能更好地把握并呈现两种不同文化背景下的神圣图像。

2016年4月22日增订完成
北京西直门寓所

参考引用书目

Antoinette K.Gordon:*The Iconography of Tibetan Lamaism*.Columbia University Press,1939.

E.D.Saunders:*Mudrā-A Study of Symbolic Gestures in Japanese Buddhist Sculpture*.London.

《芥子园画传》之四《人物》，人民美术出版社，1960年。

［日］高田修著：《佛像の起源》，东京岩波书店，1967年。

［意］达·芬奇著、戴勉编译、朱龙华校：《芬奇论绘画》，人民美术出版社，1979年。

常任侠编著：《印度与东南亚美术发展史》，上海人民美术出版社，1980年。

叶九如辑选：《三希堂画宝》第二册《人物》，北京市中国书店出版，1982年。

常任侠著：《东方艺术丛谈》，上海文艺出版社，1984年。

［苏］阿·阿·古贝尔等著、刘惠民译：《艺术大师论艺术》第一卷，文化艺术出版社，1987年。

尕藏编译：《藏族佛画艺术》，青海人民出版社，1987年。

尕藏编译：《藏传佛画度量经》，青海民族出版社，1992年。

李鼎霞编：《佛教造像手印》，北京燕山出版社，1991年。

李来源、林木编：《中国古代画论发展史实》，上海人民美术出版社，1997年。

王树村著：《中国民间年画史论集》，天津杨柳青画社出版，1991年。

苏秉芬译注：《西藏佛教彩绘艺术》，中国藏学出版社，1997年。

白化文著：《汉化佛教法器服饰略说》，商务印书馆，1998年。

王素芳、石永土编著：《毗卢寺壁画世界》，河北教育出版社，2002年。

Priyabala Shah: *Śrī-Vṣṇudharmottara Purā ṇa: A text on ancient Indian arts.*

Delhi. 2002.

V. Ganapati Sthapati: *Indian Sculpture and Iconography*. Ahmedabad. 2002.

P. Pal: *Art from the Himalayas and China*. Yale University Press. 2003.

［意］图齐著、李翎等译:《梵天佛地》第一卷，上海古籍出版社，2009年。

费泳著:《中国佛教艺术中的佛衣样式研究》，中华书局，2012年。

David P.Jackson: *The Place of Provenance-Regional Styles in Tibetan Painting*.New York.2012.

尹锡南著:《印度文论史》（上下），巴蜀书社，2015年。

［德］施勒伯格著、范晶晶译:《印度诸神的世界——印度教图像学手册》，中西书局，2016年。

［日］高楠顺次郎、渡边海旭监修，小野玄妙主编:《大正新修大藏经》《图像部》，台湾新文丰出版公司影印，1922-1934年。

鸣　谢

当年初版此书，笔者只有28岁，是不知天高地厚也不知疲惫的年纪，做事全凭热血。如今已到知天命之年，知识和定力增长了，但精力却大不如从前。所以，首先感谢我的爱人王孔刚，书中大部分图片都是经过他的手修整的，他也是我的第一读者，没有他的耐心协助，这部书是不可能完成的。其次感谢上海书店出版社，给了我再版此书的机会，使我可以通过这次增订，得以修正以前的失误并补充以前缺少的部分，说说我对佛教以及佛教造像的一点认识。也深深感谢我的导师金维诺先生引导我走上这条有趣的学术之路。

图书在版编目（CIP）数据

佛教造像量度与仪轨 / 李翎著 . — 修订本 . — 上海：
上海书店出版社，2019.1（2025.9重印）
ISBN 978-7-5458-1684-6

Ⅰ.①佛… Ⅱ.①李… Ⅲ.①佛像 — 造像 — 规则
Ⅳ.① J196

中国版本图书馆 CIP 数据核字（2018）第 149523 号

责任编辑 解永健 刁雅琳
装帧设计 汪 昊

佛教造像量度与仪轨（修订本）

李翎 著

出　　版　上海书店出版社
　　　　　　（201101　上海市闵行区号景路 159 弄 C 座）
发　　行　上海人民出版社发行中心
印　　刷　上海展强印刷有限公司
开　　本　710×1000　1/16
印　　张　14
版　　次　2019 年 1 月第 1 版
印　　次　2025 年 9 月第 6 次印刷
ISBN 978-7-5458-1684-6/J·409
定　　价　58.00 元